Gregorio-Grzegorz Lydek

LA MISERICORDIA DI DIO NELLA SPIRITUALITÀ DI SANTO STEFANO, P.M.

Gregorio-Grzegorz Lydek

LA MISERICORDIA DI DIO NELLA SPIRITUALITÀ DI SANTO STEFANO, P.M.

- con prefazione dell'Arcivescovo Metrop. Mons. Tommaso Valentinetti

Edizioni Sant'Antonio

Imprint

Cover image: www.ingimage.com

Publisher:
Edizioni Accademiche Italiane
is a trademark of
Dodo Books Indian Ocean Ltd., member of the OmniScriptum S.R.L Publishing group
str. A.Russo 15, of. 61, Chisinau-2068, Republic of Moldova Europe
Printed at: see last page
ISBN: 978-3-639-60645-4

"Signore, la tua Misericordia è la nostra pace,

la vera speranza e il futuro senza fine".

Ai miei nuovi parrocchiani e ai miei amici,

alle persone che mi amano e mi hanno amato davvero.

Con tanto affetto e gratitudine.

don Grzegorz (Gregorio) Lydek

PREFAZIONE

Parlare del protodiacono Stefano non è facile, viste le poche note bibliche che possiamo ricavare dal testo degli Atti degli Apostoli. Nonostante ciò don Gregorio Lydek, attuale parroco della parrocchia di santo Stefano in Pescara, è riuscito a dare uno spaccato della vita e della spiritualità del Santo. Da qui le ottime considerazioni su come vivere il proprio servizio nella Chiesa, facendo tesoro dei tratti della vita di Stefano, che si fondano tutti nella rivelazione biblica della Sacra Scrittura. Il testo sarà senz'altro utile a chi vorrà avere la costanza di leggere queste pagine e soprattutto ai fedeli della parrocchia, che potranno trarne giovamento per il loro cammino di fede, grazie anche all'appendice storica e alle testimonianze sulla comunità, che sono riportate a conclusione del libro.

+ Tommaso Valentinetti

Arcivescovo Metropolita di Pescara-Penne

PRESENTAZIONE

San Fulgenzio afferma che il primo merito di Stefano è stato quello di essere annoverato come primo martire, secondo quella che è però la agiografia comunemente riconosciuta, la figura di Stefano è legata strettamente a quella di Paolo di Tarso. Quest'ultimo, fariseo della tribù di Beniamino, partecipò attivamente all'uccisione di Stefano. Non si conosce molto dei natali di Stefano ma è accertato che era un diacono di lingua greca, uomo pieno di Spirito Santo che si adoperava oltre che per il servizio delle mense e dei poveri anche attivamente nel ministero dell'annuncio della Parola. Rispetto a questa grande figura della storia della Chiesa, il potere di attecchimento nella società di oggi sta proprio nel guardare al martirio come testimonianza radicale di evangelizzazione.

Oggi, per noi giovani, guardare a questo santo significa vivere in pienezza ciò che si professa cercando in ogni modo, anche nelle piccole situazioni quotidiane, di non sconfessare la fede che ci è stata tramandata. Guardare a questa figura di cristiano significa avere la vertigine della santità, se pensiamo alla sua storia ma soprattutto al suo epilogo della vita. La bellezza di un santo però risiede soprattutto nel fatto di come egli sappia affascinare le generazioni future. Stefano è un santo delle origini cristiane e la sfida sta proprio nel fatto che egli ha ancora e tanto da dire ai giovani di oggi di internet e dell'iper connettività telematica. Egli dunque parla il linguaggio della passione di Cristo, dando a questo sostantivo un significato ed una dimensione integrale in grado di parlare all'intelletto e al cuore. Nella prima accezione dando spazio alle ragioni di una formazione culturale sulla vita del santo e nella seconda parlando al cuore, fornendo i motivi di una scelta profonda di sequela. Il cuore infatti è, in senso biblico, la sede della decisionalità, delle scelte profonde della vita quindi santo Stefano che parla al cuore dei giovani di oggi dice che Cristo non è un reperto della memoria archeologica collettiva ma una persona viva che rende vivo e attraente il linguaggio dell'amore a tutte le latitudini e in tutte le epoche della storia perché l'incarnazione del Figlio di Dio è la vivacità suprema della storia, capace di dare il senso della dimensione epifanica a tutti i micro e macro avvenimenti della vita dell'uomo.

Cosa significa ad esempio parlare ai giovani d'oggi di martirio? non tanto e non solo come testimonianza che arriva all'effusione del sangue ma soprattutto come scelta coerente nelle varie esperienze e situazioni della vita. Cosa vuol dire oggi continuare a scommettere sul dare la vita per gli altri nelle varie forme in cui questa scelta di campo fondamentale è seducente e declinabile? dare la vita ad esempio, come spendere il proprio tempo e le proprie energie per gli altri? e ancora sacrificarsi prendendosi cura della debolezza umana o ad esempio nell'esercizio di avvicinare le fasce generazionali nel preziosissimo apporto esperienziale che gli anziani possono dare al dinamismo e all'entusiasmo dei giovani. Dare la vita per l'ideale della famiglia fondata sul matrimonio cristiano di contro alle varie ideologie di un permissivismo eccessivo che uccide l'uomo nella sua dimensione di essere morale, svilendo la sua forza d'impegno per le grandi scelte dell'esistenza. Il "per sempre" è come una ginnastica continua di piccoli passi verso la vera esigenza dell'uomo che è nel donare sé stesso senza riserve e senza limiti pregiudizievoli. La nostra parrocchia fin dalla sua fondazione ha risposto con decisività e impegno alacre all'invito del suo patrono.

In *primis* don Gregorio Lydek, il quale, attraverso questo libro, non solo ricostruirà pezzi importanti di storia della nostra comunità parrocchiale ma con l'aiuto di Dio riaccenderà quello spirito devozionale che si era assopito a causa degli eventi del covid. L'augurio più grande che ci possiamo fare è di camminare insieme nella luce di Cristo e della testimonianza del nostro santo che con la sua vita sembra affermare una massima non scritta ma incarnata nella sua esistenza: "l'amore vince sempre anche se ti tolgono la vita".

Dante & Stefano Di Giovanni

INTRODUZIONE

Con immenso piacere e tanto affetto desidero offrirvi la presente riflessione sul messaggio pacifico e la spiritualità profonda di santo Stefano primo martire, tratta dagli *Atti degli Apostoli*, mai come oggi attuale. Contemplare la spiritualità e la misericordia di Dio, cioè la perfezione divina più grande, vuole dire riconoscerla impressa nel volto di Cristo. Esso ci aiuta a vedere e a riconoscere l'ultima e definitiva incarnazione della Misericordia di Dio. Gesù, il nuovo Adamo, è lo Sposo misericordioso della Chiesa sempre vivo in mezzo a noi, è presente veramente e realmente nell'Eucaristia. Egli è pronto ad offrirci instancabilmente il dono prezioso del suo perdono nel sacramento della santa confessione, ad offrire gratuitamente la sua infinita misericordia, cancellando per sempre i nostri peccati, guarendo i nostri cuori, benedicendo il nostro essere figli addottivi dello stesso Padre.

Se Dio come "Amore e Misericordia" dovesse essere assente nella nostra vita umana, sarebbe assente anche nella nostra vita interiore (spirituale), familiare, nella attività politica, culturale e sociale. Se l'uomo non dovesse incontrare Dio come "Amore e Misericordia" nella profondità della sua anima, andrebbe a cercarlo solo nei segni esteriori per porre rimedio alla sua solitudine spirituale. Quell'uomo si confonderebbe in gruppi riuniti intorno a fenomeni eccezionali o seguendo scalmanati profeti improvvisati e di passaggio. Se l'uomo non sarà "pieno di Dio misericordioso eterno", se non si dedicherà alla silenziosa contemplazione, soffrirà sempre di una solitudine che nessuno psicoterapeuta o compagnia di persone saprà curare, perché Cristo, il Verbo incarnato è il Signore del cosmo e della storia.

La "Misericordia" è la "forma concreta dell'amore" di Dio. Essa viene illustrata, in maniera eccellente, dalla parabola evangelica del padre e dei due figli (cf. *Lc* 15,1-32). In latino "misericordia" significa mostrare un cuore pieno d'amore per chi si trova nella miseria. Il padre della parabola manifestò al figlio prodigo il cuore che ama senza limiti, gli salvò la vita e gli ridonò lo splendore della sua dignità infangata.

La misericordia è un amore *ad extra* che rivela il mistero di Dio. Essa non è un qualcosa di semplicemente oscuro o inspiegabile, ma è il piano di Dio amoroso per la salvezza dell'umanità intera. Esso però già è stato svelato per mezzo di Cristo (cf. *Rm* 16,25; *Ef* 1,9; 3,9; *Col* 1,26-27; 2,2; 4,3). La realtà misteriosa di Dio, rivelata definitivamente in Cristo, trascende la ragione e la comprensione umana. La mente umana, infatti, non può afferrare Dio; è la maestà divina che afferra noi, come afferrò il primo martire della storia cristiana, il diacono Stefano, il santo della misericordia.

Santo Stefano è il protettore glorioso della comunità parrocchiale, arricchita dalla presenza significativa di tanti bravi giovani, in via monte Bove a Pescara (Pe), affidata a me sacerdote dal nostro carissimo arciv. metrop. Tommaso Valentinetti. Sin dall'inizio della mia cura pastorale di essa (dal 31 gennaio 2021) mi sono posto una domanda: ma questo giovane santo Stefano, la sua testimonianza, il suo martirio, il suo perdono e l'implorazione commovente della misericordia su coloro che lo hanno ucciso, oggi, avrà da dirci qualcosa? Avrà da proporre qualcosa di valido ai miei giovani?

Nella *Divina Commedia*, nel canto quindicesimo del *Purgatorio*, Dante racconta di aver assistito ad una scena toccante: quella della lapidazione di un giovane che, morente, invoca la misericordia per i suoi persecutori. Per questo l'Alighieri scrive:

> «Poi vidi genti accese in foco d'ira,
> con pietre un giovinetto ancider, forte
> gridando a sé pur: "Martira, martira!"
>
> E lui vedea chinarsi, per la morte
> che l'aggravava già, inver' la terra
> ma de li occhi facea sempre al ciel porte,

orando a l'alto Sire, in tanta guerra,
che perdonasse a' suoi persecutori,
con quello aspetto che pietà diserra» (*Purgatorio* XV 106-114).

A colpire il poeta fiorentino è la mansuetudine di Stefano contrapposta all'ira dei suoi carnefici, «genti accese in foco d'ira», che emerge in tutta la sua forza nella descrizione dell'atteggiamento del giovane nell'affrontare il martirio. Dante arricchisce il racconto degli *Atti degli Apostoli*, culminante con l'invocazione di Stefano: «Signore, non imputare loro questo peccato» (*At* 7,60), attirando l'attenzione del lettore sulla posizione fisica del corpo del protomartire, quasi a sottolineare un'adesione totale al sacrificio di Cristo, che coinvolge anima e corpo. Il corpo di Stefano, infatti, è chino a terra, gravato dalla caducità della natura umana, dall'ineluttabilità della morte ormai prossima, ma nel contempo lo sguardo è rivolto in alto, verso il cielo, «de li occhi facea sempre al ciel porte». Gli occhi del giovane, pieno di Spirito Santo, sono definiti come "porte aperte, spalancate ad accogliere qualcosa di altro da sé"[1]; attraverso di essi filtra quella forza che viene dall'alto e trascende le capacità umane, quella forza che gli permette non solo di affrontare con fermezza e serenità il martirio, ma anche di perdonare coloro che lo stanno ammazzando proprio come Gesù stesso fece. Stefano è proiettato già oltre le porte spalancate della misericordia di Dio e non desidera altro che attraverso di esse possano passare anche i suoi persecutori. Infatti, la misericordia è per tutti, anche per i più grandi peccatori. Essa è offerta a tutti, instancabilmente, da Dio per mezzo dei sacramenti, come attraverso "le porte ancora aperte", nel tempo dello Spirito, e cioè nel tempo della Chiesa, che un giorno terminerà quando Gesù ritornerà sulla terra per la seconda ed ultima volta.

Sicuramente in questo tempo attuale di molte prove, l'epoca post covid-19, tante proposte, cambiamenti, ricostruzioni da tutti punti di vista spirituale, relazionale, politico, sociale e materiale, persecuzioni, santo Stefano ci può illuminare e guidare per ritrovare la strada giusta, quella che ci conduce alla vera pace, alla soluzione efficace di tutti, anche i più complessi, problemi odierni: la strada che porta alla salvezza dell'umanità ferita e sofferente. Essa attraversa la gloriosa passione, morte sulla croce e la risurrezione del nostro Signore Gesù, è stata preparata sin dall'inizio della storia della salvezza, la strada "costruita" da Dio che è sempre misericordioso.

Le ragioni della scelta dell'argomento del presente libro riguardano interessi miei personali, della mia attuale comunità parrocchiale e di tutti coloro che vorranno conoscere la spiritualità di questo grande santo della misericordia, santo Stefano.

Il primo motivo consiste nel fatto che ho voluto "dare una continuità" alle mie pubblicazioni sulla teologia della misericordia. Come secondo obiettivo, volevo integrare il quadro delle varie ricerche con gli studi dedicati a un altro discepolo della misericordia - santo Stefano primo martire. Il terzo motivo è quello di far conoscere negli ambienti ecclesiastici in Italia la vita e il pensiero di un altro testimone della misericordia. Il quarto ed ultimo è quello di riscattare il tema della misericordia da una visione spesso fin troppo "dolciastra e devozionale", mostrando che la teologia della misericordia può diventare il vero strumento dello Spirito per illuminare e rinnovare il mondo (cf. *EG* 132).

Il presente libro è scritto con la consapevolezza dell'esistenza dell'intimo nesso tra la vita e la spiritualità di santo Stefano, che deve essere preso in considerazione per arrivare ad individuare e a comprendere la chiave del suo pensiero sul tema della misericordia di Dio.

Per poter tenere conto del pensiero di santo Stefano, il metodo che seguiremo sarà prima di tutto quello storico-analitico. Cercheremo quegli snodi concettuali e tematici che caratterizzano la sua idea sulla misericordia, vista in relazione sia a Dio, sia al prossimo e alla prima comunità cristiana. La fonte principale è rappresentata dagli *Atti degli Apostoli* ed alcune pubblicazioni che delineano la sua persona, il suo pensiero, correlati al tempo storico di riferimento.

La nostra riflessione sarà strutturata in tre capitoli. Il primo capitolo cercherà di ricostruire la vita di santo Stefano nel contesto storico. Il secondo capitolo riferirà tutta la specificità della spiritualità e della missione di santo Stefano. Verrà messo in luce ciò che ha reso il santo martire "inquieto" e "propenso" verso la testimonianza di vita offerta per la verità di "Dio Amore e Misericordia". Il terzo capitolo esporrà il tema del cammino spirituale come esperienza dello Spirito, vedremo la misericordia che si trasforma in preghiera, in virtù e nell'amore verso il prossimo. Verrà osservata in Stefano la scoperta personale della misericordia di Dio nella fedeltà a Gesù, che crea il legame particolare tra salvezza e Chiesa. Si affiderà alle conclusioni la puntualizzazione del rapporto tra carità e misericordia, lasciando spazio alle ultime riflessioni e impressioni sulla vita e sul pensiero di santo Stefano, mettendo in luce il tema della misericordia.

I. La vita di santo Stefano nel contesto storico

1.1 *La vita di santo Stefano*

Santo Stefano fu il primo a spargere il proprio sangue per Cristo. In lui si realizzò in modo esemplare la figura del martire come imitatore di Cristo. L'etimologia del suo nome deriva dal greco e significa "incoronato". Cercando di ricostruire la vita del santo, bisogna dire che era probabilmente originario della Grecia, ma non conosciamo l'esatto anno della sua nascita. Le ipotesi degli storici più attendibili parlano degli ultimi anni avanti Cristo. Alcuni di loro, infatti, ipotizzano che sia stato di origine greca, oppure addirittura un ebreo conoscitore della lingua e della cultura ellenistica. Se è vera l'ultima ipotesi, allora di sicuro Stefano è stato uno dei primi giudei che ha seguito il Cristianesimo che prese a seguire gli Apostoli e visto la sua cultura, saggezza e fede genuina, divenne anche il primo dei diaconi di Gerusalemme. Per questo possiamo accertare che fu il primo dei sette diaconi della comunità di Gerusalemme, uomini scelti allo scopo di svolgere molte opere legate alla carità. Tanto è vero che, con l'aumentare dei discepoli, esse stavano riducendo il tempo agli apostoli alla predicazione e alla preghiera.[1] Per questo, negli *Atti degli Apostoli*, al capitolo 6, possiamo leggere:

> «In quei giorni, mentre aumentava il numero dei discepoli, sorse un malcontento fra gli ellenisti verso gli Ebrei, perché venivano trascurate le loro vedove nella distribuzione quotidiana. Allora i Dodici convocarono il gruppo dei discepoli e dissero: Non è giusto che noi trascuriamo la parola di Dio per il servizio delle mense. Cercate dunque, fratelli, tra di voi sette uomini di buona reputazione, pieni di Spirito e di saggezza, ai quali affideremo quest'incarico. Noi, invece, ci dedicheremo alla preghiera e al ministero della parola. Piacque questa proposta a tutto il gruppo ed elessero Stefano, uomo pieno di fede e di Spirito Santo, Filippo, Pròcoro, Nicànore, Timòne, Parmenàs e Nicola, un proselito di Antiochia. Li presentarono quindi agli apostoli i quali, dopo aver pregato, imposero loro le mani. Intanto la parola di Dio si diffondeva

[1] Cf. E. PESENTI, *Santo Stefano protomartire*, Elledici, Torino 2014, p. 12.

e si moltiplicava grandemente il numero dei discepoli a Gerusalemme; anche un gran numero di sacerdoti aderiva alla fede» (*At* 6, 1-7).

Stefano ha svolto il servizio delle mense con grande dedizione, mostrandosi particolarmente attivo nel convertire alla fede di Gesù gli ebrei della diaspora. Il diacono, pieno di grazie e di fortezza, compiva grandi prodigi tra il popolo. Nell'anno 33 o 34 d.C. circa gli ebrei ellenistici vedendo il gran numero di convertiti, hanno trovato in Stefano un nemico da sconfiggere. Nel 36, invece, il giovane diacono venne accusato di blasfemia che, all'epoca, era considerata un gravissimo "reato contro Dio e le cose sacre".

Constatiamo che il giovane Stefano aveva una profonda conoscenza delle sacre Scritture e questo gli consentì di sostenere una lunga disputa nel sinedrio, davanti al quale fu condotto a causa della sua attiva predicazione, soprattutto tra gli ebrei, che egli convertiva numerosi alla fede in Gesù crocifisso e risorto. Per questo motivo gli anziani e gli scribi lo catturarono trascinandolo davanti al Sinedrio, il supremo consiglio dei giudei, con false testimonianze calunniatrici.[2] Bisogna dire che senza alcun freno, accusandolo di pronunciare parole offensive nei confronti di Dio e Mosè, hanno sobillato il popolo contro di Stefano, dicendo:

> «Costui non cessa di proferire parole contro questo luogo sacro e contro la legge. Lo abbiamo udito dichiarare che Gesù il Nazareno, distruggerà questo luogo e cambierà le usanze che Mosè ci ha tramandato» (*At* 6, 13-14).

Alla domanda del Sommo Sacerdote: «Le cose stanno proprio così?» (*At* 7, 1), il diacono pronunziò un lungo e famoso discorso, il più lungo degli *Atti degli Apostoli*, in cui ripercorse la *Sacra Scrittura* dove si testimoniava che il Signore aveva preparato, per mezzo dei patriarchi e profeti, l'avvento del Giusto, ma gli Ebrei avevano risposto sempre con durezza di cuore. Rivolto direttamente ai sacerdoti del Sinedrio concluse:

---

[2] *Ibid.*, pp. 13-14.

«O gente testarda e pagana nel cuore e negli orecchi, voi sempre opponete resistenza allo Spirito Santo; come i vostri padri, così anche voi. Quale dei profeti i vostri padri non hanno perseguitato? Essi uccisero quelli che preannunciavano la venuta del Giusto, del quale voi ora siete divenuti traditori e uccisori; voi che avete ricevuto la Legge per mano degli angeli e non l'avete osservata". Mentre l'odio e il rancore dei presenti aumentavano contro di lui, Stefano ispirato dallo Spirito, alzò gli occhi al cielo e disse: *Ecco, io contemplo i cieli aperti e il Figlio dell'uomo, che sta alla destra di Dio*» (*At* 7, 51-56).

Durante "il processo arrangiato e paradossale" nei confronti del giovane Stefano, come appena abbiamo visto, ha avuto il coraggio di predicare per un'ultima volta ai presenti. Questo però, non fece che inferocire ancora di più la folla, la quale lo trascinò via per ucciderlo, lapidandolo con le pietre, a sangue freddo, a furor di popolo.

Il momento del martirio di Stefano fu il colmo. In un istante si elevarono grida altissime al punto da far tappare gli orecchi ai testimoni oculari. I presenti si scagliarono su di lui in modo feroce e a strattoni lo trascinarono fuori dalle mura della città. Violenti, senza alcun scrupolo presero a lapidarlo con pietre. In seguito, i loro mantelli furono deposti ai piedi di un altro giovane di nome Saulo,[3] che assisteva all'esecuzione.

Notiamo però, che in realtà non fu un'esecuzione, in quanto il Sinedrio non aveva la facoltà di emettere condanne a morte. Infatti, non fu in grado nemmeno di pronunciare una sentenza in quanto Stefano era trascinato fuori dal furore del popolo, quindi si trattò di un illecito "linciaggio incontrollato". Infine, la scena commovente e addolorante: mentre il giovane diacono crollava insanguinato sotto i colpi degli sfrenati aguzzini, pregava dicendo: «Signore Gesù, accogli il mio spirito, Signore non imputare loro questo peccato» (*At* 7, 59-60).

Santo Stefano accolse la sua morte con serenità, invocando il Signore di accogliere la sua anima e la misericordia di Dio per coloro che lo stavano per uccidere.[4]

---

[3] Il futuro *Apostolo delle Genti*, san Paolo di Tarso.

[4] Cf. E. PESENTI, *Santo Stefano protomartire*, p. 16.

1.2 *Le Reliquie di santo Stefano*

Dopo la morte crudele e violenta di Stefano, la storia delle sue reliquie entrò nella leggenda. Il 3 dicembre 415 un sacerdote, di nome Luciano di Kefar-Gamba, ebbe in sogno l'apparizione di un venerabile anziano in abiti liturgici, con una lunga barba bianca e con in mano una bacchetta d'oro con la quale lo toccò chiamandolo tre volte per nome. Gli svelò che lui e i suoi compagni erano dispiaciuti perché sepolti senza onore, che volevano essere sistemati in un luogo più decoroso e che fosse dato un ricordo alle loro reliquie e che Dio misericordioso avrebbe salvato il mondo intero destinato alla distruzione per i troppi peccati commessi dagli uomini.

Il sacerdote domandò chi fosse e l'anziano rispose di essere il dotto Gamaliele che istruì san Paolo di Tarso. I suoi tre compagni erano: Stefano, il primo martire che aveva seppellito nel suo giardino, san Nicodemo, suo discepolo seppellito accanto a santo Stefano, santo Abiba, suo figlio seppellito vicino a Nicodemo. Il corpo stesso dell'anziano si trovava anch'esso seppellito nel giardino vicino ai tre santi, secondo la sua volontà testamentaria. Gamaliele indicò, poi, con precisione il luogo della sepoltura collettiva.

In seguito a questo sogno rivelatore, con l'accordo del vescovo di Gerusalemme, si iniziò lo scavo che di fatto condusse al ritrovamento delle reliquie. La notizia destò stupore nel mondo cristiano, ormai in piena affermazione, dopo la libertà di culto sancita dall'imperatore Costantino un secolo prima. Proprio da qui iniziò la diffusione delle reliquie di santo Stefano per il mondo conosciuto di allora. Alcuni resti furono donati al sacerdote Luciano, che a sua volta li distribuì tra vari amici. Il resto delle spoglie fu traslato il 26 dicembre 415 nella chiesa di Sion a Gerusalemme.

Bisogna dire che molti miracoli avvennero con il solo toccarle, addirittura con la polvere della sua tomba. La maggior parte delle reliquie furono distribuite, poi, dai crociati nel XIII secolo, cosicché ne arrivarono effettivamente molte in Europa. Secondo la tradizione cristiana dal XVIII secolo si veneravano le reliquie del primo martire a Roma. Infatti, il cranio di santo Stefano si trova nella Basilica di san Paolo fuori le Mura, un braccio a san Luigi dei Francesi, un altro a santa Cecilia, inoltre quasi un corpo intero nella basilica di san Lorenzo fuori le Mura. Sono state erette molte Basiliche, numerose chiese, fra cui una molto bella a Pescara in via Monte Bove 25, cappelle in onore e ricordo del primo martire santo Stefano diacono. Per esempio solo a Roma se ne contavano una trentina, delle quali la più celebre è quella di santo Stefano Rotondo al Celio, costruita nel V secolo da papa Simplicio.

Ancora oggi in Italia vi sono ben quattordici Comuni che portano il suo nome. Nell'arte santo Stefano è stato sempre raffigurato indossando la dalmatica rossa, la veste liturgica dei diaconi. Gli attributi del santo sono: le pietre della lapidazione (per questo è invocato contro "il mal di pietra", cioè i calcoli) e la palma (segno del martirio). Santo Stefano è il patrono dei diaconi, dei tagliapietre, dei muratori e dei fornaciai, inoltre, pare che sia invocato anche per guarire dal mal di testa.[5]

---

[5] *Ibid.*, p. 17.

1.3 *La festa liturgica di santo Stefano diacono e primo martire*

Nel cristianesimo fu da subito molto forte la venerazione per santo Stefano e notizie sulle sue reliquie risalgono al 400 d.C. L'eco della sua vita, soprattutto del suo martirio, ha permeato profondamente l'arte. La tradizione cristiana ha voluto raffigurarlo con la "dalmatica" e associarlo alle pietre, essendo la morte avvenuta per lapidazione. Nel Medioevo quella del protomartire fu la festa propria dei diaconi. Numerose liturgie non romane assegnavano loro, in questo giorno, la presidenza dell'ufficio corale nonché il canto solenne dell'epistola, del responsorio graduale e dell'alleluia durante la santa Messa.

La celebrazione liturgica di santo Stefano, considerato sempre come uno dei primi martiri della Cristianità, è stata da sempre fissata al 26 dicembre. Infatti, essa viene attestata dal *Martirologio di Nicomedia* (361), dal *Lezionario di Gerusalemme* (415-417) e dal *Martirologio siriaco*, è già presente in occidente nel V secolo. La festa del santo è all'indomani del *Natale di Nostro Signore*, perché nei giorni seguenti alla manifestazione del Figlio di Dio, furono posti i *comites Christi*, cioè coloro che vissuti al tempo dell'esistenza terrena del Cristo, furono i primi a renderne testimonianza con il martirio. In lui si realizza in modo esemplare la figura del martire come imitatore di Cristo; egli contempla la gloria del Risorto, ne proclama la divinità, gli affida il suo spirito e assume atteggiamento misericordioso perdonando i suoi uccisori.

La festa stessa indica lo stretto legame esistente tra l'incarnazione dell'ultima e definitiva incarnazione della misericordia di Dio e la gloriosa passione del Signore, cioè tra il *Natale* e la *Pasqua*. Un martire è il testimone della fede nel Dio misericordioso incarnato e ne annuncia la Pasqua, l'offerta della vita di Cristo per la salvezza del mondo.

Qui c'è un nesso liturgico logico. Il 26 dicembre c'è la festa liturgica di santo Stefano primo martire, in seguito si ricorda il 27 san Giovanni evangelista, il prediletto da Gesù, autore del Vangelo dell'amore. Il 28 dicembre si celebra la festa dei ss. Innocenti, bambini uccisi da Erode con la speranza di eliminare anche il *Bambino di Betlemme*. Teniamo presente che nei secoli precedenti anche la celebrazione dei santi Pietro e Paolo apostoli, capitava nella settimana dopo il Natale; poi fu trasferita al 29 giugno.

Nel calendario gregoriano, fin ad oggi, il 26 dicembre è il giorno festivo segnalato con un colore rosso. In Italia dal 1947 è il giorno festivo e libero dal lavoro. Tutti lo conoscono come "giorno di santo Stefano" dedicato al primo martire cristiano. Tanto è vero che la festa liturgica del 26 dicembre ha creato un modo comune di dire in italiano: "il giorno di santo Stefano". La stessa ricorrenza liturgica, che in Italia non è di precetto nella Chiesa cattolica, ma negli altri paesi invece si, per esempio in Polonia, ha assunto un risalto maggiore. Nel giorno della ricorrenza liturgica, durante la santa Messa, i sacerdoti e i diaconi indossano i paramenti liturgici di colore rosso, per ricordare che santo Stefano è stato martire.

Consideriamo anche che fino al 1960 nella Chiesa cattolica, il 3 agosto di ogni anno, si festeggiava addirittura il ritrovamento delle *reliquie di santo Stefano*. Per esempio a Putignano (Ba), dove santo Stefano è *Patrono della città*, si ricorda ancora questo avvenimento. Lo stesso fa anche la Chiesa ortodossa.

II. LA SPIRITUALITÀ E MISSIONE DI SANTO STEFANO

Introduzione

Nel capitolo precedente abbiamo analizzato brevemente la vita e il martirio di santo Stefano nel contesto storico-culturale. Passiamo ora ad approfondire la spiritualità e la missione del santo.

Sin dall'inizio costatiamo che «la spiritualità cristiana ha come suo carattere qualificante l'impegno del discepolo di conformarsi sempre più pienamente al suo Maestro (cf. *Rm* 8,29; *Fil* 3,10.21). L'effusione dello Spirito nel battesimo inserisce il credente come tralcio nella vite che è Cristo (cf. *Gv* 15,5), lo costituisce membro del suo mistico Corpo (cf. *1 Cor* 12,12; *Rm* 12,5). A questa unità iniziale, tuttavia, deve corrispondere un cammino di assimilazione crescente a Lui, che orienti sempre più il comportamento del discepolo secondo la 'logica' di Cristo: "Abbiate in voi gli stessi sentimenti che furono in Cristo Gesù" (Fil 2,5). Occorre, secondo le parole dell'Apostolo, "rivestirsi di Cristo" (cf. *Rm* 13,14; *Gal* 3,27)».[6]

Teniamo presente che nonostante Stefano non abbia mai scritto una lettera contenente la teologia spirituale, questa è costantemente presente in tutti suoi pochi discorsi. Pertanto verranno analizzati i temi spirituali più rilevanti in Stefano per comprenderne il pensiero, il carattere, la specificità e la sua missione strettamente connessa al tema della misericordia.

Indubbiamente la misericordia, come tema della teologia spirituale non può essere omesso. Il tema della misericordia, però, non può nemmeno trasformarsi in un discorso

[6] GIOVANNI PAOLO II, *Rosarium virginis mariae*, LEV, Città del Vaticano 2002, p. 19.

semplicemente sentimentale o devozionale (senza il vero contenuto), «pastorale o spirituale dolciastro»,[7] privo di ragione. Non possiamo dimenticare che tra spiritualità[8] e teologia esiste un nesso importante e fondamentale,[9] e che «coltivando una qualsiasi forma di spiritualità,[10] ispirata a qualsiasi valore, a prescindere da come e quanto quel valore ha inciso nella storia, collettiva e personale, vanifica alla radice il discorso della spiritualità autentica e autorizza a parlare in chiave negativa di spiritualismo».[11] In merito alla scelta dei temi in questo secondo capitolo, seguiremo alcuni temi più importanti presenti nei discorsi di santo Stefano.

---

[7] W. KASPER, *Misericordia - Concetto fondamentale del Vangelo*, Queriniana, Brescia 2013, p. 22.

[8] Nel *Dizionario enciclopedico di Spiritualità* sotto la voce "Spiritualità" troviamo le seguenti definizioni del concetto: «Il termine può avere i seguenti significati: la spiritualità è la qualità di ciò che è spirituale (per esempio di Dio, degli angeli, dell'anima umana, della Chiesa); è il sinonimo di pietà realmente posseduta (per esempio di un santo, anzi di chiunque ha rapporti di servizio con il *divinum*, anche se non è cristiano); è la scienza stessa che studia e insegna i principi e le pratiche dei quali si compone quella data reale pietà, quel dato servizio di Dio. In questo terzo caso il termine spiritualità equivale a quello di dottrina spirituale»: A. MATANIC, *Spiritualità*, in *Dizionario enciclopedico di spiritualità*, E. ANCILLI (a cura di), vol. III, Pontificio Istituto di Spiritualità del Teresianum, Città Nuova, Roma 1992, p. 2383. «Le definizioni, eccettuata la prima in cui spiritualità designa la natura spirituale in senso ontologico metafisico, s'implicano a vicenda»: A. SOLIGNAC, *Spiritualité, I. Le mot et l'histoire*, in *Dictionnaire de Spiritualité ascétique et mystique doctrine et histoire*, vol. XIV, Beauchesne, Paris 1990, pp. 1142-1160: cf. C. ABERNARD, *Traité de théologie spirituelle*, Paris 1986, pp. 51-64; L. BOUYER, *Introduction à la vie spirituelle. Précis de théologie ascétique et mystique*, Desclée Cie, Paris 1960.

[9] Vale la pena porre l'accento particolare su un concetto, che una teologia senza spiritualità rischia di essere vuota, una spiritualità senza teologia rischia di essere cieca. Del resto lo stesso papa Francesco sottolinea nella *Evangelii Gaudium* n. 133: «Faccio appello ai teologi affinché compiano questo servizio come parte della missione salvifica della Chiesa»: Franciscus, *Evangelii gaudium - Esortazione apostolica*, [24 novembre 2013], in *AAS* 105(2013) 1076. «Oggi si sente, infatti, il bisogno di ritornare allo statuto originale fondante del fare teologia, che è quello di portare al pensiero l'esperienza del Mistero proclamato e quindi ascoltato e celebrato nella liturgia, vissuto e testimoniato nella fede e nella carità. Pertanto la teologia non è solo *docta fides*, cioè una *fides quaerens intellectum*, ma anche *docta caritas*, cioè è il portare alla parola il vissuto dell'amore, il dono della misericordia di Dio, che ci viene consegnato nella liturgia e nella Grazia dei sacramenti, ma che deve essere, poi, testimoniato nei gesti dell'eloquenza silenziosa della carità. Teologia e spiritualità così ritrovano il nesso fondamentale, che le costituisce reciprocamente come teologia e spiritualità cristiana»: B. Forte, *La teologia, scuola di umiltà contro il nichilismo*, in "Fedelmente" 1(2010), p. 250.

[10]Infatti, «la spiritualità precisamente tocca il nucleo centrale dell'esistenza umana: cioè la relazione con l'Assoluto. Questa relazione viene descritta in vario modo nelle tradizioni spirituali. Viene chiamata emanazione dall'Uno, creazione da parte del Dio totalmente buono; accoglimento nella Grazia; essere rivestiti della via dell'Amore; la via dell'illuminazione; la suprema Liberazione»: K. WAAIJMAN, *La spiritualità - forme, fondamenti, metodi*, Querin., Brescia 2007, p. 7.

[11] T. GOFFI, *Spiritualità*, in *Nuovo Dizionario di spiritualità*, S. DE FIORES (a cura di), Paoline, Milano1989, pp. 1516-1519.

2.1 *LA SPIRITUALITÀ DI SANTO STEFANO E L'AMORE MISERICORDIOSO DI DIO*

Possiamo definire la spiritualità cristiana come presenza dello Spirito Santo che è "sospiro d'amore" tra il Padre e il Figlio. Tanto è vero che il sostantivo "spiritualità" e l'aggettivo "spirituale" richiamano alla mente la persona umana, nella quale c'è la presenza del dono dello Spirito del Padre e del Figlio.

Le notizie storiche riferite dall'evangelista Luca, nel capitolo sesto degli *Atti degli Apostoli,* sono assai illuminanti per l'interpretazione della spiritualità di Stefano.

Notiamo che, per i tratti della personalità di Stefano, l'evangelista mette a fuoco con tutta chiarezza che: «Era pieno di Spirito Santo e di sapienza» (*At* 6,3). Ed è interessante che solo di lui si aggiunge: «Era pieno di fede e di Spirito Santo» (*At* 6,5). Infatti, Fede, Sapienza e Spirito Santo sono gli agenti divini che operavano in Stefano. In altre parole sono altrettanti doni che Stefano ha ricevuto da Dio misericordioso, nella luce e nella grazia del mistero pasquale. Ecco una chiave di lettura del discorso stesso per poter conoscere la spiritualità del santo diacono. Essa infatti è una lettura teologico-sapienziale della storia di Israele in funzione epifanica. Constatiamo che la storia, quando viene interpretata con la "lampada della fede", diventa epifania di Dio misericordioso e delle sue intenzioni salvifiche. Diremo che solo la fede può aiutare a riconoscere negli anfratti della storia una linea retta. Essa, però, è continua, è ascendente; su di essa si evidenziano gli interventi salvifici di Dio che è Amore e Misericordia. Possiamo aggiungere ancora che la fede ci permette di intravedere la Sapienza di Dio anche nelle gesta misericordiose. Essa ci educa all'ascolto attento della Parola di Dio. È la fede che ci dona "il sesto senso" per percepire la presenza dello Spirito Santo nella storia umana che, altrimenti, sembrerebbe caratterizzata solo dalla presenza del peccato e del male.

L'esistenza di Stefano è vita animata dallo Spirito e, nello stesso tempo, esperienza viva del suo rapporto con Dio per mezzo di Gesù Cristo, nel dono dello Spirito Santo. Per questo la sua testimonianza di vita ci «indica l'autentica esistenza cristiana, la cui guida è lo Spirito Santo e la genuina esperienza, vissuto dell'uomo spirituale, inteso sia in generale sia nelle diverse modalità».[12]

La fiducia di Stefano in Dio, la sua costante testimonianza della misericordia, la dedicazione ad essa i pensieri, le parole e le opere caritatevoli, costituiscono un principio fondamentale della vita spirituale per il santo. Ecco perché egli disse: «Signore, non imputare loro questo peccato» (*At* 7,60). Infatti, come Gesù morendo sulla croce ha invocato perdono dal Padre misericordioso per i suoi persecutori (cf. *Lc* 23,34), così Stefano morendo chiese a Gesù, il Signore misericordioso, di non considerare il peccato che i suoi avversari stanno per commettere.

Notiamo però che l'evangelista Luca nel suo racconto non intende solo ribadire il fatto che la morte di Stefano si realizza sul modello della morte di Gesù, ma vuole esprimere anche il fatto rilevante della partecipazione del primo martire all'opera della misericordia redentrice del Salvatore. Il perdono è la via ordinaria della misericordia per essere riammessi alla condivisione del dono che è la salvezza. In altre parole possiamo dire che chi sta per morire e sa perdonare (e cioè dare il dono del perdono donato già precedentemente dalla misericordia di Dio scaturita dalla croce), dimostra di essere martire in pienezza in piena sintonia con il "per-dono" scaturito dal *Sacro Cuore* di Gesù appeso sulla croce. Infatti, possiamo notare che nella morte di una persona si manifesta sempre la sua verità, come spesso l'esistenza terrena ne cela il valore profondo. Se questo è vero di noi, lo è anche, e a maggiore ragione, di santo Stefano. Non sola la sua morte è il suo vero *dies natalis*, ma stando sulla scia di Gesù, il martire per eccellenza (cf *Lc* 22,39-46), ha vissuto anche il suo *dies paschalis*.

Alla luce di queste affermazioni, dobbiamo dire che il compito fondamentale della vita cristiana è rinnovare tutte le cose in Dio come Amore e Misericordia, sempre pronto a perdonare gli uomini. Il primo motivo del rinnovamento è nel trovare "il nuovo umanesimo" in Cristo risorto; il secondo, per "costruire una nuova e più giusta civiltà dell'amore"; il terzo, per far nascere una moderna cultura della misericordia,

---

[12] M. DUPUY, *Spiritualité, La notion de Spiritualité*, in *Dictionnaire de Spiritualité ascétique et mystique doctrine et histoire*, vol. XIV, Beauchesne, Paris 1990, pp. 1160-1173.

capace di accogliere e abbracciare tutti, in modo particolare i peccatori.[13] Purtroppo il peccato, nelle sue varie forme, ha reso gli uomini nemici di Dio. Solo la fiducia nella misericordia può ricondurli allo stato di grazia di figli di Dio. Tale condizione spirituale supera ogni benessere legato alla materia e al possesso di beni. Per santo Stefano, però, è importante non solo contemplare il Regno di Dio, ma anche il rinnovamento spirituale di ogni uomo, compreso i propri assassini. La "spiritualità della misericordia" vissuta dal santo diacono, dunque, si può designare come vocazione alla "santità". Infatti, potremmo dire che «i santi formano i futuri santi»,[14] come santo Stefano stesso, lungo i secoli, attraverso il suo esempio di vita diaconale ha potuto spiritualmente formare molti futuri santi. Essa consiste "nell'essere predestinati ad accogliere un dono prezioso immeritato" e allo stesso tempo un invito all'itinerario continuo verso la santità. Indubbiamente solo Dio è santo (cf. *Is* 6, 1-5), però Egli stesso desidera che tutti partecipino alla sua santità (cf. *Lev* 19, 2). L'Apostolo Pietro, conosciuto da santo Stefano, scrivendo alle prime comunità cristiane, disse: «Ad immagine del Santo che vi ha chiamati, diventate santi anche voi in tutta la vostra condotta, poiché sta scritto: «Voi sarete santi, perché io sono santo» (*1Pt* 1, 15-16).

Possiamo dire esplicitamente che la figura di santo Stefano diacono (servo) è una delle più significative del Nuovo Testamento per il suo riferimento ad immagine del Santo Cristo Gesù. Ricordiamo che come Gesù si è definito il «servo» per eccellenza (cf. *Lc* 22,27), così Stefano è il primo dei sette aiutanti degli apostoli, addetti appunto al servizio (cf *At* 6,3). Come Gesù fu pieno di Spirito Santo (cf. *Lc* 4,1.14; 10,21) per l'esercizio della sua missione, così Stefano è detto pieno di fede e di Spirito Santo (cf. *At* 6,5) in funzione di ciò che va dicendo e testimoniando con la sua morte. Infatti come Gesù è stato il martire per eccellenza (cf *Lc* 22,39-46), sulla scia dei martiri dell'Antico Testamento (cf. 2 *Mac* 7,1-41), così Stefano corona la sua esistenza terrena con il martirio (cf. *At* 7,51-54). Notiamo che questi passaggi della sequela di Cristo abbracciano la "spiritualità della misericordia" vista come "vita secondo lo Spirito".[15]

---

[13] Cf. N. PETRONE, *Padre Achille Fosco* (1897-1971), Ed. S.E. Tip. OFFSET, Vercelli 1997, p. 54.
[14] A. FOSCO, *Manuale delle vittime generose*, in APIN, p. 56.
[15] Cf. A. FOSCO, *Un dono d'amore*, G. Art., Brescia 2013, p. 21.

Possiamo trovare il concetto della “vita secondo lo Spirito Santo”, con diverse espressioni, nelle lettere di san Paolo. Per esempio: “Il vostro corpo è tempio dello Spirito”; “Camminate secondo lo Spirito”; “Lasciatavi guidare dallo Spirito”; “Viviamo dello Spirito” (cf. *1 Cor* 6,15.19-20).

La vita di Stefano, condotta secondo lo Spirito, fu indubbiamente il frutto e la crescita della grazia battesimale. Essa è inserita nel *Mistero Pasquale* e nella comunità cristiana, fu vissuta nell’accoglienza reale e operativa delle mozioni che lo Spirito suscitò nel suo cuore come credente in Cristo; fu segnata dalla diuturna *sequela Christi*,[16] nell’obbedienza incondizionata al Cristo, caratterizzata da una relazione personale con Dio misericordioso, alimentata dalla mensa dell’Eucaristia, sempre in ambito comunitario.

Riassumendo, alla base della spiritualità di santo Stefano si trova il mistero di “Dio Amore-Misericordia” che egli meditava e contemplava nella quotidianità della sua vita diaconale. La conoscenza dell’amore di Dio e la contemplazione del mistero della misericordia di Dio, infatti, sviluppavano in lui un atteggiamento di fiducia filiale in Dio e la carità operativa verso il prossimo. Constatiamo, però, che l’amore di Dio, prima di essere un amore *ad extra* (misericordia), è un amore eterno *ad intra*. L’amore eterno è la Trinità in sé. In altre parole, l’amore eterno di Dio è la relazione del silenzioso scambio tra il Padre e il Figlio nello Spirito Santo, e tra il Figlio e il Padre nello Spirito Santo. Infatti, lo scambio dell’amore divino si realizza costantemente nella Terza persona, che conferì a santo Stefano la “vita nello Spirito”. Di fatto lo Spirito Santo, che è l’amore eterno, rinnova l’incontrarsi salvifico di Gesù con ogni persona

---

[16] «Cristo, quale compimento delle profezie messianiche, divenendo l’incarnazione dell’amore che si manifesta con particolare forza nei riguardi dei sofferenti, degli infelici e dei peccatori, rende presente e in questo modo rivela più pienamente il Padre, che è Dio “ricco di misericordia”. Contemporaneamente, divenendo per gli uomini modello dell’amore misericordioso verso gli altri, Cristo proclama con i fatti, ancor più che con le parole, quell’appello alla misericordia, che è una delle componenti essenziali “dell’ethos del Vangelo”» (*DM* 3). Cristo, nel rivelare l’amore di Dio, esigeva dagli uomini che si facessero guidare nella loro vita dall’amore e dalla misericordia. Questa esigenza fa parte dell’essenza stessa del messaggio messianico e costituisce il mondo dell’*ethos* evangelico. Il Maestro lo esprime sia per mezzo del comandamento da Lui definito come “il più grande”, sia in forma di benedizione, quando nel discorso della montagna proclama: «Beati i misericordiosi, perché troveranno misericordia» (*Mt* 5,7): Cf. GIOVANNI PAOLO II, *Pensieri sparsi - Coraggiosi nella verità generosi nell’amore*, Neri Pozza Editore, Vicenza 2002, p. 30.

che vive nella persecuzione e nella dimensione della Croce (martirio), trasformandola in speranza viva, facendo sperimentare ogni giorno i frutti della risurrezione.

L'amore eterno di Dio *ad intra*, secondo la natura divina è comunione, dinamismo, effusione e creazione. La prima prova dell'amore eterno di Dio *ad extra* invece, cioè della misericordia, la troviamo già nel primo libro della Scrittura, precisamente nel libro della *Genesi*, laddove riferendosi alla creazione, viene scritto: «Facciamo l'uomo a nostra immagine, a nostra somiglianza» (*Gn* 1,26). L'immagine di cui parla il versetto è sempre la stessa: "l'Essere misericordioso per poter trasmetterla all'uomo e diventare l'essere misericordioso". Santo Stefano ha saputo evidenziare l'immagine vera di Dio misericordioso e conservarla nel suo cuore, sino alla fine della sua esistenza umana. Per questo nel Vangelo leggiamo: «Siate misericordiosi, come il Padre vostro è misericordioso» (*Lc* 6.36).

2.2 *LA SPIRITUALITÀ DI SANTO STEFANO E L'AMORE MISERICORDIOSO DI DIO*

Già «l'antica tradizione biblica ha descritto con varie metafore il mistero di Dio tremendo e fascinoso. Questo fascino è collegato alla dinamica interiore del desiderio umano»[17]. Il desiderio di Dio, infatti, «è inscritto nel cuore dell'uomo, perché l'uomo è stato creato da Dio e per Dio» (*CCC* 27). Il "desiderio e l'attrazione del suo fascino" si traducono in ricerca e in attesa di un "incontro" che esige intimità e stabilità. Si tratta proprio del percorso di santo Stefano diacono. Ogni uomo, che risponde all'appello fondamentale che Dio pone nel suo cuore, consegue la serenità interiore (conservando la stima di sé stesso), la pace dell'anima (mantenendo la fiducia in Dio misericordioso), la semplicità del cuore rappresentata dall'immagine del bambino (rimanere semplice come un bambino, ma non infantile). La serenità, la pace e la semplicità, considerati nel loro senso più profondo, caratterizzano l'itinerario interiore di ogni persona, che

[17] G. DE VIRGILIO, *Il fascino dell'Assoluto di Dio*, in "Vocazioni" 6(2013), p. 6.

risponde pienamente al Dio misericordioso. Nel discorso di Stefano troviamo un'esortazione importante sul modo in cui bisogna rispondere alla chiamata di Dio, infatti dice:

> «Fratelli e padri, ascoltate: il Dio della gloria apparve al nostro padre Abramo quando era ancora in Mesopotamia, prima che egli si stabilisse in Carran, e gli disse: Esci dalla tua terra e dalla tua gente e va nella terra che io ti indicherò. Allora, uscito dalla terra dei Caldei, si stabilì in Carran; di là, dopo la morte del padre, Dio lo fece emigrare in questo paese dove voi ora abitate, ma non gli diede alcuna proprietà in esso, neppure quanto l'orma di un piede, ma gli promise di darlo in possesso a lui e alla sua discendenza dopo di lui, sebbene non avesse ancora figli. Poi Dio parlò così: La discendenza di Abramo sarà pellegrina in terra straniera, tenuta in schiavitù e oppressione per quattrocento anni. Ma del popolo di cui saranno schiavi io farò giustizia, disse Dio: dopo potranno uscire e mi adoreranno in questo luogo. E gli diede l'alleanza della circoncisione. E così Abramo generò Isacco e lo circoncise l'ottavo giorno e Isacco generò Giacobbe e Giacobbe i dodici patriarchi. Ma i patriarchi, gelosi di Giuseppe, lo vendettero schiavo in Egitto. Dio però era con lui e lo liberò da tutte le sue afflizioni e gli diede grazia e saggezza davanti al faraone re d'Egitto, il quale lo nominò amministratore dell'Egitto e di tutta la sua casa. Venne una carestia su tutto l'Egitto e in Canaan e una grande miseria, e i nostri padri non trovavano da mangiare. Avendo udito Giacobbe che in Egitto c'era del grano, vi inviò i nostri padri una prima volta; la seconda volta Giuseppe si fece riconoscere dai suoi fratelli e fu nota al faraone la sua origine. Giuseppe allora mandò a chiamare Giacobbe suo padre e tutta la sua parentela, settantacinque persone in tutto. E Giacobbe si recò in Egitto, e qui egli morì come anche i nostri padri; essi furono poi trasportati in Sichem e posti nel sepolcro che Abramo aveva acquistato e pagato in denaro dai figli di Emor, a Sichem» (*At* 7,3-16).

Parlando del Dio della gloria, Stefano pone un forte accento sulla paternità e sulla proprietà più grande di Dio che è la misericordia. Sicuramente la gelosia e l'invidia dei fratelli, come racconta la storia di Giuseppe, sono la causa delle discordie e del rapporto "deviato" con Dio che può essere, tuttavia, recuperato, innanzitutto rivolgendosi alla misericordia di Dio e invocandone il perdono, ma anche chiedendo perdono al prossimo e volgendo il proprio impegno concreto alle questioni sociali come, ad esempio, alla disuguaglianza, alle lotte continue, allo sfruttamento dei più deboli, ai privilegi e ad altro.

Stefano è convinto che Dio sia il Padre misericordioso di tutti. Egli desidera l'unione e la comunione pacifica tra i suoi figli, consegnando loro l'eredità del Regno dei cieli. In quest'amore paterno possiamo osservare un movimento "dal basso verso l'alto". Esso prevede per l'uomo il dono gratuito di condivisione della felicità con Dio e l'invito dell'uomo alla vita Trinitaria (l'uomo chiamato da Dio dalla condizione della miseria umana alla pienezza della vita eterna). È vero che l'uomo ha perso tutto nel commettere il peccato originale, ma Dio, come vero Padre misericordioso e paziente, non si è posto limiti nell'offrire il suo unigenito Figlio come sacrificio perenne gradito, il quale ha presentato la bellezza e la saggezza della misericordia, riscattando così tutta l'umanità dalla morte e dandole di nuovo la dignità perduta. In questo particolare scambio, in Gesù che assume i castighi meritati dagli uomini, Dio risparmia l'uomo senza risparmiare il Figlio. In Gesù, l'amore di Dio per l'uomo si trasforma nel segno visibile dell'azione salvifica di Padre Celeste, nella "veste particolare della misericordia" verso i figli.

Effettivamente, nel Nuovo Testamento troviamo il tema del Padre misericordioso che diventa centrale quando si parla di Dio, il vero motivo è questo: Gesù di Nazaret, Figlio di Dio ha parlato molte volte di un "Padre" e ha rivelato "il suo volto misericordioso". Tanto è vero che perfino i profeti dell'Antico Testamento hanno parlato già "sull'amore paterno" di Dio, anticipando il grande tema centrale della categoria "Padre misericordioso" nel Nuovo Testamento. Infatti, in *Osea* leggiamo:

> «Quando Israele era giovinetto io l'ho amato (...). A Efraim io insegnavo a camminare tenendolo per mano. Io li traevo con legami di bontà, con vincoli d'amore; ero per loro come chi solleva un bimbo alla sua guancia, mi chinavo su di lui per dargli da mangiare» (*Os* 11, 1-3-4).

A questo punto possiamo dire che proprio le immagini familiari riescono a suscitare nell'intimità del cuore di santo Stefano il sentimento vivo dell'amore paterno di Dio. Il Padre misericordioso è colui che sa proteggere i suoi figli nel donare loro la sicurezza stabile. Per questo, infatti, tutto il racconto della Sacra Scrittura presenta Dio Padre come la roccia, il baluardo e la potente salvezza per gli uomini (cf. *Sal* 18, 2-3).

Nel Dio della gloria e della misericordia il diacono martire trova "l'amore materno", fatto di tenerezza e di accoglienza. Questo tipo d'amore viene chiamato "viscerale" (ebr. *Rehem* - grembo materno, utero), che sta per indicare il posto dove si forma il bambino, e cioè la parte delle più profonde fibre dell'essere di una madre, là dove si afferra tutta la persona umana, facendola ardere di compassione e misericordia. Esattamente in Isaia troviamo la conferma di questo tipo d'amore divino: «si dimentica forse una donna del suo bambino, così da non commuoversi per il frutto delle sue viscere?» (*Is* 49,15). «Come una madre consola il figlio, così io vi consolerò» (*Is* 66,13). In questo modo, nella spiritualità della misericordia in santo Stefano abbiamo i due tipi di amore: paterno e materno che sono sempre intimamente uniti in Dio Trinità.

2.3 *AMARE DIO PER RICEVERE IL DONO DELLA MISERICORDIA*

Il Dio di Abramo, di Isacco e di Giacobbe ama il suo popolo senza limiti e si lascia amare. Questa verità, Stefano, nel suo discorso degli *Atti* al Sinedrio, lo fa percepire bene dicendo:

> «Passati quarant'anni, gli apparve nel deserto del monte Sinai un angelo, in mezzo alla fiamma di un roveto ardente. Mosè rimase stupito di questa visione; e mentre si avvicinava per veder meglio, si udì la voce del Signore: Io sono il Dio dei tuoi padri, il Dio di Abramo, di Isacco e di Giacobbe. Esterrefatto, Mosè non osava guardare. Allora il Signore gli disse: Togliti dai piedi i calzari, perché il luogo in cui stai è terra santa. Ho visto l'afflizione del mio popolo in Egitto, ho udito il loro gemito e sono sceso a liberarli; ed ora vieni, che ti mando in Egitto. Questo Mosè che avevano rinnegato dicendo: Chi ti ha nominato capo e giudice?, proprio lui Dio aveva mandato per esser capo e liberatore, parlando per mezzo dell'angelo che gli era apparso nel roveto. Egli li fece uscire, compiendo miracoli e prodigi nella terra d'Egitto, nel Mare Rosso,

e nel deserto per quarant'anni. Egli è quel Mosè che disse ai figli d'Israele: Dio vi farà sorgere un profeta tra i vostri fratelli, al pari di me. Egli è colui che, mentre erano radunati nel deserto, fu mediatore tra l'angelo che gli parlava sul monte Sinai e i nostri padri; egli ricevette parole di vita da trasmettere a noi» (*At* 7,31-37).

Dio che dona la libertà e le parole di vita agli uomini diventa oggetto dell'amore. L'amore dell'uomo per Dio e la misericordia di Dio per il suo popolo. Effettivamente ogni essere umano che confida nella misericordia di Dio ha il "dovere" di amare Dio. La rivelazione biblica, raccontando la storia dell'amore, pone un accento forte sul secondo significato, e cioè "all'amore *di* Dio", non invece, "all'amore *per* Dio".

Già Aristotele diceva che Dio «muove il mondo in quanto è amato»[18], ma la Sacra Scrittura afferma il contrario. Dio, essendo amore puro, attraverso la misericordia, prima crea il mondo e in seguito lo muove, in quanto ama il mondo. Nel discorso di Stefano è rilevante questo concetto del movimento amoroso di Dio per la liberazione e la salvezza degli uomini. Dunque, è importante scoprire che non l'uomo ama Dio, ma che Dio *in primis* ama incondizionatamente l'uomo, e lo ama veramente. Per questo leggiamo: «In questo sta l'amore: non siamo stati noi ad amare Dio, ma è lui che ha amato noi» (*1 Gv* 4,10).

Tutta la Bibbia non fa che narrare l'amore misericordioso di Dio. Quell'amore è la risposta definitiva a tutte le domande sul *perché* della Scrittura. Per esempio: "Perché la creazione del mondo?" "Perché Dio uno e trino?" "Perché l'incarnazione del Verbo?" "Perché la redenzione attraverso la croce?" Tutte le Parole e le opere di Dio nei testi sacri si rivelano nell'amore misericordioso. Perfino la "collera di Dio" non è altro che l'amore unito alla fedeltà, alla misericordia e alla giustizia. Da ciò si evince l'importanza preziosa della Scrittura, dalla quale, con "gli occhi dell'anima", s'impara come bisogna amare Dio. Essa diventa per noi come "un manuale spirituale", "fonte inesauribile del vero tesoro", la comprensione della missione messianica di Cristo. Nel modo di esprimersi di santo Stefano troviamo la speranza e la saggezza che illumina

[18] ARISTOTELE, *Metafisica,* XII, 7, 1072 b.

il concetto di misericordia, mentre l'amore illumina l'apice della misericordia.

Tutti gli uomini sono creati da Dio Padre misericordioso per "amare Dio". "Amare Dio" per Stefano fu il punto di partenza, il rimedio e lo scopo finale della sua esistenza. Infine, possiamo affermare che l'amore è l'essenza di Dio misericordioso, il contenuto della totale perfezione e la "regina" di tutte le virtù cristiane abbracciate dal santo diacono.

2.4 *LA FIDUCIA DI SANTO STEFANO IN DIO MISERICORDIOSO*

Un altro tema rilevante che troviamo nell'atteggiamento di Stefano è la fiducia, come risposta indispensabile da parte di ogni cristiano alla misericordia di Dio, quella fiducia totale in Dio che è fondamentale nell'esistenza umana e nella vita spirituale. Pensando alla testimonianza di vita del santo diacono, notiamo chiaramente che per fiducia egli intende l'orientamento, il fondamento solido e "il perno della vita spirituale". La fiducia ha permesso a Lui di aprirsi all'azione dello Spirito Santo e decidere di collaborare con la grazia per mettersi in cammino verso la santità. Stefano ha trovato nella fiducia "il fattore decisivo" per ottenere la misericordia. Essa ha un ruolo privilegiato nella vita interiore del diacono come nessun'altra virtù. La fiducia si fonda sulle parole di Gesù, quando dice:

> «Senza di me non potete far nulla e per altro verso: abbiate fiducia, io ho vinto il mondo! (*Gv* 5,15). Abbi fiducia, figlio, i tuoi peccati sono perdonati (*Mt* 9, 2). Abbi fiducia e vedrai la gloria di Dio (*Gv* 11,14). Perché hai dubitato, uomo di poca fede (*Mt* 13,31). Non abbiate paura, io sono con voi» (*Mt* 28,20).

Dal brano appena citato, si desume che Dio vincendo il mondo, viene sempre in aiuto all'uomo fiducioso. L'uomo, purtroppo, facilmente perde la speranza e si lascia prendere dai dubbi, dalle paure e dall'incredulità. Il primo compito dell'uomo è consolidare la fiducia in Dio misericordioso riguardo al passato, al presente ed al futuro. La fiducia non costituisce una virtù distinta, ma è una condizione necessaria della virtù della speranza. Siccome essa deriva dalla fede, moltiplica la speranza e l'amore, e, a parte questo, in un modo o nell'altro si collega con le virtù morali, perciò può essere definita la base sulla quale le virtù teologali si collegano con quelle morali.

Nella *Sacra Scrittura* leggiamo chiaramente: «Chi confida in Dio, non sarà mai deluso. La grazia circonda chi confida nel Signore» (*Sal* 31,10). Esiste però, una netta distinzione tra la fiducia "naturale" e "soprannaturale". La "fiducia naturale" è nient'altro che "aspettarsi l'aiuto da parte del prossimo". La "fiducia soprannaturale" invece, suscita nell'uomo la certezza nel trovar aiuto e rifugio sicuro in Dio. Per dimostrare come bisogna mantenere la fiducia in Dio, Gesù stesso ci dice: «Non abbiate paura» (*Mt* 28,20). Esattamente, le parole del Signore sono parole "pure", sono "argento raffinato" in un crogiuolo di terra, purificato sette volte (cf. *Sal* 12, 6). Ogni uomo dovrebbe avere la totale fiducia in Dio misericordioso che non delude mai nessuno, ma è pronto a soccorrere nel bisogno e a salvare dai pericoli tutti i suoi figli. Per questo, probabilmente santo Stefano ha potuto trovare nella figura di Abramo un modello significativo della "fiducia soprannaturale" che orienta gli uomini verso l'aiuto dall'alto. Effettivamente Abramo, pur ritenendosi sempre un uomo indegno, immeritevole e soprattutto imperfetto, ha mantenuto la fiducia nell'aiuto dall'alto. Senza esitare a parlare direttamente con Dio, senza eccessiva confidenza, senza chiedere nemmeno di risparmiare Sodoma dall'ira di Dio, Abramo mantiene la fiducia in Dio e nell'aiuto dall'alto, animato dall' eterna misericordia.

Tutte le persone perseguitate come santo Stefano, disperate, sofferenti, povere, emarginate, dimenticate, ecc., hanno diritto di ricorrere alla promessa di aiuto fatta da Dio stesso. Egli l'ha mantenuta, la mantiene e continuerà a mantenerla, finché durerà il "tempo della misericordia", e cioè il tempo della Chiesa iniziata con il Cristo risorto. Le promesse divine non deludono mai. Infatti, anche il Salmista, richiamandosi all'esperienza personale, ne ha data piena conferma, scrivendo:

«Ma io confido in te, o Signore; io ho detto: Tu sei il mio Dio» (*Sal* 31,14). «Molte sono le calamità per l'empio, ma chi confida nel Signore di misericordia egli lo circonda» (*Sal* 32,10).

Per questo: «Tutti quelli che sedevano nel sinedrio, fissando gli occhi su di lui, videro il suo volto come quello di un angelo» (*At* 6,15).

2.5 *Il concetto della fiducia nei Salmi*

L'idea di Stefano della fiducia nel Signore di misericordia è strettamente unita al timor di Dio e alla speranza viva nell'aspettarsi d'ottenere la misericordia. Per questo possiamo dire la misericordia è per coloro che confidano in Dio. Dai pochi discorsi del diacono che abbiamo, si intuisce chiaramente il suo concetto della fiducia fondato sulla lettura profonda ed attenta dei *Salmi*, con i quali sicuramente pregò tutti giorni. La fiducia è la chiave della misericordia di Dio, il recipiente con il quale Stefano poté attingere tutti giorni dal tesoro della pietà divina. Nei *Salmi* trovò uno dei consigli preziosi per afferrare il concetto della fiducia, rimanendo tranquillo davanti al Signore e sperando solo in Lui, nonostante l'agire scaltro dei suoi avversarsi contro di lui (cf. *Sal* 37,7).

Nei *Salmi* facilmente si possono trovare dei consigli su come bisogna coltivare e mantenere la fiducia in Dio. Alcuni *Salmi*, cercando in maniera esplicita le caratteristiche della fiducia, corrispondono ad una visione di Dio misericordioso, paziente e pietoso, più vicino all'uomo. Per esempio nel *Salmo* 13, vediamo in Davide il "sentimento dell'abbandono a Dio", perché esprime la fiducia totale solo nella misericordia di Dio: «Nella tua misericordia ho confidato. Gioisca il mio cuore nella tua salvezza» (*Sal* 13,6). Nel *Salmo* 17 invece, nota che il re supplica il soccorso di Dio contro la crudeltà dei nemici, esprimendo la fiducia in Dio misericordioso: «Mostrami i prodigi del tuo amore, tu che salvi dai nemici chi si affida alla tua destra» (*Sal* 17,7). Nel *Salmo* 21, Davide ringrazia della vittoria, attribuendola alla fiducia riposta nella misericordia di Dio: «Perché il re confida nel Signore, per la fedeltà dell'Altissimo non sarà mai scosso» (*Sal* 21,8).

Il *Salmo* 31 invece, è come "la preghiera della fiducia" rivolta al Signore, davanti ai grandi pericoli che minacciano il re Davide: «ma io ho fede nel Signore, esulterò di gioia per la tua grazia» (*Sal* 31,7). Meditando sul *Salmo* 32, troviamo l'espressione della propria gioia, perché il Signore ha perdonato colui che ha confidato in Lui: «Molti saranno i dolori dell'empio, ma la grazia circonda chi confida nel Signore» (*Sal* 32,10). In quasi tutto il *Salmo* 33 "si sente il suono" del messaggio che tutto avviene non come la gente desidera, ma come Dio misericordioso guida gli eventi: «Ecco, l'occhio del Signore veglia su chi lo teme, su chi spera nella sua grazia» (*Sal* 33,22). Lo stesso messaggio, probabilmente, santo Stefano trovò nel *Salmo* 52: «Io, invece, come olivo verdeggiante nella casa di Dio, mi abbandono alla fedeltà di Dio ora e per sempre» (*Sal* 52,10), e nel salmo 86: «Tu sei buono, Signore, e perdoni, sei pieno di misericordia con chi t'invoca» (*Sal* 86,5). Nel *Salmo* 103 Davide identifica la fiducia con il timore filiale: «Come il cielo è alto sulla terra, cosi è grande la sua misericordia su quanti lo temono» (*Sal* 103,11). Nel *Salmo* 143, pensa lo stesso, di fronte alla ribellione del figlio Absalom che chiede aiuto il più presto possibile ed è sicuro di ottenerlo: «Al mattino fammi sentire la tua grazia, poiché in te confido» (*Sal* 143,8). Nel *Salmo* 147, invece, si coglie il compiacimento divino. Questo, però, richiede il timor di Dio, la speranza e la fiducia nella grazia, che è misericordia. Troviamo anche una richiesta particolare di Davide al creato per lodare Dio, perché: «Il Signore si compiace di chi lo teme, di chi spera nella sua grazia» (*Sal* 147,11). Il *Salmo* 136 può essere considerato come una "litania della misericordia" dell'Antico Testamento, perché il salmista, enumerando ogni beneficio ottenuto da chi confida in Dio, aggiunge in ogni strofa il ritornello: «Perché eterna è la Sua misericordia» (*Sal* 136,1). Qui si nota che la fiducia è la prima disposizione d'animo della persona che spera e cerca un rifugio sicuro nell'eterna misericordia di Dio. Per questo però, non dobbiamo avere paura nell'utilizzare le diverse espressioni riferite alla fiducia in Dio dell'eterna misericordia, per esempio: abbandono fiducioso, fiducia filiale, fiducia gioiosa, ecc.

La fiducia totale di Stefano in Dio suscita nel suo cuore il desiderio ardente di pregare. La preghiera costante per lui diventa un mezzo efficace come punto di riferimento a Dio. Per questo nella situazione del martirio, può darsi anche di crisi, di panico oppure disperazione in quel momento, quando cioè si sentì assillato dai suoi assassini, la fiducia in Dio lo induce alla preghiera sofferta per poter superare quel momento esternamente difficile. Infatti leggiamo: «(...) e così lapidavano Stefano mentre pregava (...)» (*At* 7,59).

Tanto è vero che Gesù stesso invita i suoi a pregare Dio con fiducia. Egli lo fa indicando a tutti "l'appellativo particolarmente confidenziale e insolito di Padre", e cioè quello di "Abbà" (caro papà). Con quest'appellativo, Gesù ha voluto sottolineare che tutti gli uomini sono i figli di Dio e possono mantenere tanta confidenza e fiducia nel Padre di misericordia. Ecco perché san Paolo dice: «Accostiamoci dunque con piena fiducia al trono della grazia, per ricevere misericordia (...) ed essere aiutati al momento opportuno» (*Eb* 4, 15-16).

La prima condizione per una preghiera profondamente filiale è la fiducia sincera e libera in Dio Padre, che mostra il volto benigno, misericordioso e soprattutto indulgente nei confronti degli uomini. Infatti, la fede non consiste nel credere soltanto in un Dio onnipotente, ma in un Dio Padre benevolo e misericordioso, pronto ad accogliere ogni richiesta degli uomini nella preghiera fiduciosa e confidenziale. La preghiera a Dio Padre richiede ai figli la fiducia incondizionata, ma anche la loro spontaneità. Dobbiamo tener presente che, già nel discorso di addio tenuto nel cenacolo dopo l'ultima cena, il Signore Gesù, avendo dato gli ultimi ordini e avendo preannunciato agli Apostoli le persecuzioni, che li avrebbero oppressi a causa del suo Nome, indica la fiducia come condizione necessaria per resistere e per ottenere l'aiuto da parte del Signore di misericordia: «Voi avrete la tribolazione nel mondo, ma abbiate fiducia; io ho vinto il mondo!» (*Gv* 16,33). Possiamo dire che in quest'ultima parola di Gesù, pronunciata prima della passione, si trova il desiderio profondo di ricordare ai fedeli di tutti i tempi quanto sia necessaria la fiducia, non soltanto consigliata, ma ordinata da Cristo.

2.6 *La fiducia raccomandata da Dio*

Nel *Salmo* 146 leggiamo: «Il Signore si compiace di chi lo teme, di chi spera nella sua grazia» (*Sal* 146,11). Il pensiero spirituale sul tema della fiducia ha un preciso fondamento biblico secondo cui Dio rende "quasi onnipotenti" coloro che confidano in Lui e nella sua grazia. Pertanto la fiducia dovrebbe essere "soprannaturale", ma anche "assoluta", "pura", "forte" e "perseverante"; inoltre dovrebbe sgorgare dalla grazia e caratterizzarsi solo per l'abbandono in Dio. Il diacono Stefano confidando in Dio non poté fidarsi troppo di sé stesso, dei talenti, della propria ragione o della forza, perché in quel caso Dio avrebbe rifiutato il suo aiuto e avrebbe permesso a Stefano di sperimentare le sue incapacità. Tanto è vero che, confidando in Dio, gli uomini non possono appoggiarsi sui propri mezzi, perché in tal modo le forze ed i tesori più grandi sarebbero inutili se Dio stesso non regge, non fortifica, non consola, non insegna, non custodisce. Per il diacono martire l'appoggiarsi a Dio è come chiedere umilmente il dono della fiducia per i meriti di Gesù, il dono della fiducia incrollabile nel Signore. Per questo Dio stesso raccomanda la fiducia come uno dei mezzi efficaci, essa però, dovrebbe essere equilibrata, e cioè a metà strada tra il cosiddetto quietismo e l'attivismo eccessivo. I seguaci di quest'ultimo comportamento sono sempre inquieti, perché nelle loro attività si appoggiano unicamente su sé stessi. Invece, la fiducia in Dio misericordioso entusiasma ad un lavoro assiduo anche nelle cose più piccole e, nello stesso tempo, preserva le persone dall'inquietudine e dall'agitazione per la continua attività. Al contrario, è pigrizia rimettersi totalmente a Dio senza essere fedeli ai propri doveri[19]. La vera fiducia in Dio è forte e costante, senza dubbi e debolezze. Questa virtù, invece, è mancata agli Apostoli durante la tempesta e per questo motivo Gesù li ha rimproverati: «Perché avete paura, uomini di poca fede?» (*Mt* 8,26). Sicuramente chi possiede una fiducia forte, dovrebbe evitare la pusillanimità e l'insolenza. La pusillanimità è la più vile delle tentazioni, perché appena si perde il coraggio di andare avanti nel bene, ben presto si precipita nell'abisso dei vizi.

[19] *Ibid.*, p. 206.

L'insolenza invece, espone ai pericoli, per esempio alle occasioni di commettere tanti peccati, nella speranza che tanto Dio salverà. Questo tipo di tentazione conduce alla fine tragica della vita spirituale. La fiducia degli uomini infatti, dovrebbe essere legata al timore di Dio e alla consapevolezza del proprio limite, causato dalla debolezza e dalla miseria umana. Senza il timore di Dio, la fiducia diventa presunzione, mentre il timore, senza la fiducia, diventa pusillanimità.

2.7 *La fiducia legata all'aiuto di Dio*

Esiste lo stretto legame tra la fiducia e l'aiuto divino, cioè il profondo desiderio divino di difendere l'uomo dalla disperazione, dalle tentazioni e dalle sofferenze. La fiducia è come l'attesa dell'aiuto promesso e ragionevolmente presunto, ciò che vediamo nell'atteggiamento di santo Stefano. Nella Sacra Scrittura il Signore ha promesso il suo aiuto, perciò il santo sapeva che Lui non gli avrebbe fatto mai mancare la sua misericordia. La fiducia in Lui, poi, è una parte essenziale della perfezione cristiana, ma non deve essere immersa nella paura, si deve piuttosto fondare sul sincero pentimento dei peccati e sulla conversione. Nella Bibbia, lo Spirito Santo invita alla fiducia in Dio, che viene chiamata misericordia (*Sal* 31,10; 32,22; *Mt* 9,2; *Mc* 6,50; *Gv* 16,33). La fiducia nella Misericordia di Dio non va identificata con il quietismo o la pigrizia spirituale, ma come adesione totale alla volontà divina che illumina la vita quotidiana.

Dio, amando gli uomini, desidera profondamente la salvezza di tutti da ogni pericolo. Suscitando nei cuori delle persone la fiducia filiale, accende in essi la certezza del sostegno e dell'aiuto dall'alto. In tal modo, l'aiuto divino diventa per gli uomini un incoraggiamento significativo, il superamento di ogni tipo di prova esistenziale nell'abbandono fiducioso in Dio misericordioso. Tanto è vero che solo «la grazia circonda chi confida nel Signore» (*Sal* 31,10). Un altro discorso di Stefano, che mi sembra particolarmente significativo, per la descrizione del legame esistente tra la fiducia e l'aiuto da parte di Dio, dice:

> «Mentre si avvicinava il tempo della promessa fatta da Dio ad Abramo, il popolo crebbe e si moltiplicò in Egitto, finché salì al trono d'Egitto un altro re, che non conosceva Giuseppe. Questi, adoperando l'astuzia contro la nostra gente, perseguitò i nostri padri fino a costringerli a esporre i loro figli, perché non sopravvivessero. In quel tempo nacque Mosè e piacque a Dio; egli fu allevato per tre mesi nella casa paterna, poi, essendo stato esposto, lo raccolse la figlia del faraone e lo allevò come figlio. Così Mosè venne istruito in tutta la sapienza degli Egiziani ed era potente nelle parole e nelle opere. Quando stava per compiere i quarant'anni, gli venne l'idea di far visita ai suoi fratelli, i figli di Israele, e vedendone uno trattato ingiustamente, ne prese le difese e vendicò l'oppresso, uccidendo l'Egiziano.]Egli pensava che i suoi connazionali avrebbero capito che Dio dava loro salvezza per mezzo suo, ma essi non compresero» (*At* 7,17-25).

Le parole del diacono martire, appena riportate, rivelano la totale fiducia in Dio, l'impegno e il desiderio a non arrendersi mai nei momenti della prova, nei momenti difficili, di persecuzione. Per Stefano confidare nell'aiuto soprannaturale significa ricevere in cambio forza e coraggio per vincere le difficoltà più grandi. La fiducia in Dio misericordioso elimina ogni paura, angoscia, tristezza del cuore e abbattimento. Essa colma l'anima di gioia, anche nelle condizioni di vita più complicate. La fiducia addirittura salva il popolo e "compie miracoli", perché essa è soccorsa dall'onnipotenza di Dio. Essa dona la pace interiore che il mondo non può donare, apre la via a tutte le virtù e fa sperare nelle cose future migliori, legate al Signore. Perfino in *Geremia* possiamo leggere:

> «Benedetto l'uomo che confida nel Signore e il Signore è sua fiducia. Egli è come un albero piantato lungo l'acqua, verso la corrente stende le radici; non teme quando viene il caldo, le sue foglie rimangono verdi; nell'anno della siccità non intristisce, non smette di produrre i suoi frutti» (*Ger* 17,7-8).

In realtà, la fiducia diventò per Stefano una sicurezza per poter produrre i "frutti buoni della vita". Uno degli esempi che lui conosceva già fu quello del ladrone morente sulla croce accanto al Signore Gesù, che si rivolse a Lui chiedendo aiuto con fiducia, all'ultimo momento della sua vita e udì la dolce promessa: «Oggi sarai con me nel paradiso» (*Lc* 23,43).

III. Il CAMMINO SPIRITUALE COME ESPERIENZA DELLO SPIRITO SANTO

Introduzione

Nel capitolo secondo abbiamo approfondito la spiritualità e la missione del diacono. Nel terzo invece, analizzeremo il cammino spirituale del martire in chiave dell'esperienza forte dello Spirito.

Pensando al cammino di santo Stefano, «pieno di fede e di Spirito Santo» (*At* 6,5), teniamo presente che dopo il suo martirio "sono nate molte scuole" di diverse correnti di spiritualità cattolica. Esse seguono molte volte i carismi degli Ordini religiosi come i Benedettini, i Carmelitani, i Certosini, i Domenicani, i Francescani e i Gesuiti. Possiamo notare che ogni spiritualità abbraccia elementi teologici, compresi quelli liturgici, scritturistici, storici, psicologici e sociologici. La spiritualità cattolica viene descritta come un processo in due direzioni. La prima direzione riguarda "la crescita interiore" di una persona, la seconda, invece, riguarda "il frutto della vita interiore" di una persona, che si manifesta nella preghiera costante e nelle opere di misericordia. Ecco perché la spiritualità cattolica ha sempre richiesto una "vita ascetica e di preghiera", in cui una guida spirituale e la luce dello Spirito Santo aiutino a discernere la direzione dei singoli e delle comunità (cf. *1Ts* 5,19-22; *1Gv* 4,1). La spiritualità di santo Stefano, invece, si fonda sulla misericordia, sul rendere misericordia alla gente e contribuire al cammino di santificazione, aiutandola a crescere nella santità e a svolgere così un'influenza positiva sulla società. Il santo diacono confidando nel Dio della misericordia, fu semplicemente il passivo ricevente delle grazie, il quale ha cercato di compiere le opere della misericordia. Il cammino spirituale di Stefano, si fonda sempre sulla "spiritualità della misericordia", è finalizzato alla santità, alla crescita interiore e al cambiamento positivo della società.

3.1 *IL VERO PROTAGONISTA DEL CAMMINO SPIRITUALE*

Per il martire, il vero protagonista del cammino spirituale fu sempre lo Spirito Santo. Il "protagonismo" dello Spirito che è invisibile, nascosto, misterioso, consiste nello svelarsi pian piano alla coscienza del diacono, pronta ad "abbracciare e a vivere la via dell'amore" nel modo più intenso. Solo così, Stefano poté percepire l'azione interiore dello Spirito Santo che è Amore.

Lo Spirito, mediante la grazia, è il primo a "cristallizzare la fede" e a infondere la vita nuova. Essa consiste nel conoscere il Padre di misericordia e colui che Egli ha mandato, Gesù Cristo (cf. *Gv* 17,3). L'Antico Testamento annunciava esplicitamente il Padre delle misericordie, il Figlio, invece, in modo più "nascosto" e "misterioso". Infatti, il Nuovo Testamento ha manifestato pienamente il Figlio - Gesù il Cristo, e ha aiutato ad intravvedere la terza Persona della Trinità - Spirito Santo. Ora, nel "tempo della Chiesa", lo Spirito "vivendo in mezzo agli uomini", si lascia conoscere. Per questo gli uomini hanno "una visione più esatta di sé stessi". Possiamo dire che solo attraverso un cammino spirituale di avanzamento, d'approfondimento del mistero di Dio e di progresso guidato dallo Spirito Santo, come nel caso di santo Stefano, gli uomini possono vedere con "gli occhi della fede la luce della Trinità" e la sua più bella trasparenza.

Nell'itinerario spirituale che in qualche modo ci propone il giovane martire, cioè "il vivere secondo lo Spirito", ci viene indicata una particolare necessità dell'uomo nel vivere "con", "in" e "per" Dio di misericordia. "Il vivere secondo lo Spirito", vuole dire convertirsi tutti giorni e osservare la "Legge dell'amore". In tal modo l'uomo che vive secondo lo Spirito si riconosce creatura e, riconoscendosi tale, si sottomette volentieri alla "Legge dell'amore del Creatore". La creatura, pertanto, s'impegna ad amare Dio di misericordia e ad evitare in modo più radicale il peccato. Non possiamo dimenticare però, che nella creatura c'è anche un'altra legge, quella che combatte contro la "Legge di Dio" e rende l'uomo schiavo della "legge del peccato" (cf. *Rm* 7, 22-24). Tanto è vero che dinanzi alla "legge del peccato", e cioè l'incapacità di osservare pienamente la "Legge dell'amore", nasce nel cuore umano il profondo desiderio d'essere aiutato da Dio che salva. In questo desiderio umano s'inserisce la voglia e la capacità d'essere più buoni, virtuosi, santi e soprattutto più misericordiosi. Ecco perché san Paolo, nella *Lettera ai Romani*, dice:

> «Nel mio intimo acconsento alla legge di Dio, ma nelle mie membra vedo un'altra legge, che combatte contro la legge della mia ragione e mi rende schiavo della legge del peccato, che è nelle mie membra. Me infelice! Chi mi libererà da questo corpo di morte?» (*Rm* 7, 22-24).

La liberazione dalla schiavitù del peccato, di cui parla l'apostolo Paolo, si può ottenere attraverso un cammino spirituale alla luce dello Spirito, lasciando spazio alla relazione personale con Cristo. Esattamente, tutti coloro che camminano secondo lo Spirito e rafforzano la relazione viva con il Salvatore, mediante la sua morte e la gloriosa risurrezione, vengono portati alla vera liberazione dai peccati. Gesù, «mite e umile di cuore» (*Mt* 11,29), chiama tutti gli uomini alla sequela delle sue orme, attraverso il cammino alla luce dello Spirito, la pratica delle virtù e delle opere dell'amore. Infatti, questo cammino è realizzabile solo se si praticano le virtù cristiane e le opere di misericordia. Con esse ognuno s'impegna ad amare Dio e il prossimo con "il cuore nuovo", e cioè non più "di pietra ma di carne". Tanto è vero che anche il profeta Ezechiele ne dà la conferma:

> «Vi prenderò dalle nazioni, vi radunerò da ogni terra e vi condurrò sul vostro suolo. Vi aspergerò con acqua pura e sarete purificati; io vi purificherò da tutte le vostre impurità e da tutti i vostri idoli, vi darò un cuore nuovo, metterò dentro di voi uno spirito nuovo, toglierò da voi il cuore di pietra e vi darò un cuore di carne. Porrò il mio spirito dentro di voi e vi farò vivere secondo le mie leggi e vi farò osservare e mettere in pratica le mie norme» (*Ez* 36,24-27).

Alla luce di questa citazione biblica si desume che tutti gli uomini devono essere purificati con "l'acqua pura" - simbolo dello Spirito Santo. Secondo la promessa profetica, veniva donato agli uomini lo "spirito nuovo" e il "cuore nuovo". In altre parole, i "cuori di carne" stavano per diventare le dimore dello Spirito di Dio. Egli è colui che doveva guidare e aiutare gli uomini a vivere secondo l'osservanza delle nuove leggi e le norme basate sull'amore di Dio. Infatti, per questo il "cuore di pietra" doveva essere sottratto per sempre e trasformato nel tempio vivo dello Spirito Santo. Lo Spirito che è sempre lo stesso, oggi, ieri e per sempre. Colui che ha parlato attraverso i profeti dell'Antico Testamento e ha rafforzato la fede degli apostoli e santo Stefano in Gesù Cristo nel Nuovo Testamento, Colui che agisce oggi nella Chiesa, illumina incessantemente il cammino spirituale e suscita tuttora la fede in Gesù Cristo. Perciò, «nessuno può dire che Gesù è il Signore, se non sotto l'azione dello Spirito Santo» (*1Cor* 12,3).

3.2 *LA MISERICORDIA CHE DIVENTA PREGHIERA*

Dopo aver visto il cammino spirituale di Stefano, ora procediamo costatando che il tema della misericordia è congiunto al tema della preghiera. La preghiera umile e fiduciosa diventa indispensabile e necessaria per essere salvati. Per capire meglio e approfondire cosa si intende per preghiera, riportiamo un testo dagli *Atti* dove si dice:

> «Così lapidavano Stefano mentre pregava e diceva: *Signore Gesù, accogli il mio spirito.* Poi piegò le ginocchia e gridò forte: *Signore, non imputar loro questo peccato*» (*At* 7,59-60).

Dal brano citato si comprende che la continua richiesta della grazia, cioè della misericordia, si trasforma nell'intimo dialogo con Dio che è l'unica salvezza. In Stefano pregare non significa ripetere parole, ma amare costantemente e concretamente tutti, persino i suoi assassini. Effettivamente, è Gesù stesso che ha presentato per primo il modello di preghiera, consegnando il *Padre Nostro*, autentico "atto di amore verso il Padre misericordioso" e concreto verso il prossimo. Analizzando la preghiera del *Padre Nostro*, notiamo che è composto di sette domande di amore, infatti sono sette le motivazioni del “donarsi” a Dio misericordioso e dell’“amare il prossimo”. La preghiera, dunque, è come un amore concreto. Se non è tale diventa un’illusione o un inganno. Secondo la testimonianza di vita del santo martire, la preghiera non può cessare, perché l’amore non finisce mai e ha sempre nuove intuizioni. Quello che l’uomo intuisce oggi, domani ha bisogno di una maturazione ulteriore e quello che si raggiunge domani prepara il cammino per dopodomani. Il cammino spirituale non può privarsi della preghiera che è anche l’opera della misericordia. Tanto è vero che la misericordia necessita di essere alimentata dalla preghiera. D’altra parte con la preghiera stessa, che è indispensabile per ogni cristiano, si ottiene la misericordia di Dio. La preghiera è indispensabile per tutti: per i peccatori e per i giusti. Senza la preghiera non si spezzeranno mai le manette della schiavitù dai vizi e perciò non si potrà mai ottenere la misericordia di Dio. In altre parole possiamo dire che più si ama la preghiera, più si sente il bisogno di ottenere il dono della misericordia. Pregare Dio con il cuore è lasciarsi liberare dalla schiavitù dei vizi e trasformare dall’infinita misericordia. Più la preghiera diventa indispensabile, più si aprono gli orizzonti per i giusti, per i peccatori e per i nemici nel ricevere la grazia del perdono di Dio. La preghiera continua di una persona che soffre, invece, acquisisce un grande “valore agli occhi di Dio”. Questo tipo di preghiera fa scendere la “tenda della misericordia” sugli altri e diventa come un “servizio a Dio”. Cristo, martire per eccellenza, compie l’ufficio espiatorio, l’olocausto i cui meriti scendono su di noi, perché egli porta un peso più grande di quello che possono portare gli altri. Nella preghiera di santo Stefano risuona la potenza di Gesù che, dalla natura si apre alla sopra-natura e tirandone la tenda, eleva l’implorazione e l’invocazione dello Spirito Santo per milioni di persone.

Constatiamo, però, che il “servizio della preghiera”, come l’ufficio espiatorio e l’olocausto, fa “risuonare la potenza” straordinaria dello Spirito Santo, aprendo un passaggio, quello dalla “natura alla sopra-natura”. Tanto è vero che troviamo questo modo di pregare nella lunga preghiera sacerdotale di Gesù recitata nell’ultima cena. Essa è di alto livello e irradia particolarmente la misericordia su tutta l’umanità.

L'esempio della preghiera sacerdotale di Gesù insegna a sfondare gli orizzonti dell'amore di Dio e a riversare su tutta l'umanità la misericordia. Esattamente, come scrive san Paolo: «Dio sia tutto in tutti» (*1Cor* 15,28). Per questo, la preghiera accompagnata dalla carità, dovrebbe giungere al tutto e coinvolgere tutti·

Un altro aspetto rilevante della preghiera è la coerenza di vita cristiana, cioè la fedeltà a Cristo che notiamo in Stefano, ponendo un'attenzione particolare alla volontà di Dio. La preghiera non può essere l'unico segno della vita pia, ma deve essere il segno sostanziale della vera vita cristiana e della fedeltà a Cristo.

Possiamo dire che il modo di pregare proposto da Stefano è strettamente collegato al servizio e al dialogo con Dio di misericordia, alla "speranza intramontabile", all'umiltà e alla carità nei confronti del prossimo e nei confronti dei nemici. Ecco perché l'umile preghiera del cuore del diacono martire è come un'azione concreta quotidiana di quella misericordia, con la quale il Padre è premuroso verso i suoi figli. È la stessa misericordia con la quale i figli sono premurosi verso il loro Padre e i loro fratelli. Tanto è vero che «la vita cristiana di preghiera autentica comincia con l'umiltà, uno dei primi elementi costitutivi della base necessaria per costruire l'edificio spirituale. La preghiera, fondata sull'umiltà e sul timore di Dio, eleva la vita cristiana; con la penitenza e con la pratica della misericordia fraterna, raggiunge la sapienza animata dall'amore di Cristo e culmina nella contemplazione»[20] del volto misericordioso di Dio.

Per questo motivo, «ai poveri in spirito si addice il timore di Dio, poiché essi sono umili». «I miti, che hanno un atteggiamento docile e devoto nei confronti della parola di Dio, sono contraddistinti dalla pietà»[21].

La preghiera umile, povera e obbediente diventa misericordia, perciò suscita l'attrattiva e la voglia dell'incontro con il "Padre della Misericordia". Tutto ciò che si chiede nella preghiera deve essere sottomesso alla volontà di Dio, il quale sa quale è la cosa migliore per noi. Infatti, poiché la volontà divina è perfetta, ogni uomo compiendola non sbaglia mai, ma si perfeziona, si realizza, si salva.

---

[20] A. GASPARINO, *La preghiera del cuore*, LDC, Torino 1992, p. 40.
[21] AGOSTINO, *De sermone Domini in monte*, 1,4,11: PL 34, pp. 1234-1235.

3.3 *La misericordia come virtù*

Dopo aver analizzato il tema della misericordia congiunto alla dimensione della preghiera, osserviamo che esso è strettamente connesso al discorso delle virtù cristiane. Esse, però, possono essere esercitate soltanto dagli uomini che vogliono percorrere un cammino spirituale verso la perfezione, come lo fece Stefano, e cioè la santità in Cristo. La virtù della misericordia, vissuta e praticata, salva l'anima dalla morte spirituale, ossia, dalla dannazione eterna; infatti, come dice il versetto di Tobia: «L'elemosina libera dalla morte e salva dall'andare tra le tenebre» (*Tb* 4,11). La virtù della misericordia è un legame di fraternità tra gli uomini, una madre vigilante che salva e consola tutti coloro che soffrono, essa è un'immagine della divina provvidenza, perché tiene gli occhi aperti ai bisogni di ciascuno; è soprattutto immagine della misericordia divina.

Già nell'Antico Testamento possiamo trovare la convinzione che la virtù della misericordia rappresenta un obbligo per tutti. Nel libro di Mosè leggiamo: «Perciò io ti dò questo comando e ti dico: apri generosamente la mano al tuo fratello povero e bisognoso nel tuo paese» (*Dt* 15,11). Leggendo attentamente il Nuovo Testamento invece, si constata che il Salvatore eleva il precetto della misericordia ad un grado ancora più alto.

> «Allora il Re dirà a coloro che saranno alla sua destra: Venite, benedetti dal Padre mio; ricevete in eredità il regno che vi è stato preparato sin dalla fondazione del mondo. Poiché ebbi fame e mi deste da mangiare, ebbi sete e mi deste da bere; fui forestiero e mi accoglieste, fui ignudo e mi rivestiste, fui infermo e mi visitaste, fui in prigione e veniste a trovarmi. Allora i giusti gli risponderanno, dicendo: Signore, quando ti abbiamo visto affamato e ti abbiamo dato da mangiare? O assetato e ti abbiamo dato da bere? E quando ti abbiamo visto forestiero e ti abbiamo ospitato? O ignudo e ti abbiamo rivestito? E quando ti abbiamo visto infermo, o in prigione e siamo venuti a visitarti? E il Re, rispondendo, dirà loro: in verità vi dico: tutte le volte che l'avete fatto ad uno di questi miei minimi fratelli, l'avete fatto a me» (*Mt* 25, 34-40).

Più avanti, Gesù «descrivendo il Giudizio Universale pronuncia, per la bocca del giudice, la seguente sentenza»[22] contro chi non esercita la virtù della misericordia nei confronti del prossimo: «Via, lontano da me, maledetti, nel fuoco eterno, preparato per il diavolo e per i suoi angeli» (*Mt* 25,41).

In molte persone il concetto di virtù della misericordia è errato. L'idea sbagliata che abbiamo, parte dall'errore di considerare la misericordia un consiglio. La virtù della misericordia non è nemmeno un operare la carità per ricevere le grazie, non dipende unicamente dalla volontà o dal buon cuore degli uomini, non è seguire oppure ignorare a proprio piacimento un desiderio, ma è la regola e il dovere strettamente legati alla volontà di Dio. Nessuno può sentirsi esonerato dal compierla. Infatti, le parole di Gesù dimostrano che la virtù della misericordia è uno stretto dovere, perché Dio misericordioso e anche giusto e non può punire per quello che non è stato comandato.

Rileviamo che il tema della virtù della misericordia si trova negli innumerevoli brani biblici che parlano della ricompensa temporale per colui che ha praticato la misericordia verso il prossimo. Per esempio: «Chi fa la carità al povero fa un prestito al Signore, che gli ripagherà la buona azione» (*Pr* 19,17). Gesù, invece, promette ai misericordiosi una benedizione e delle grazie ancora più grandi: «Date e vi sarà dato; una buona misura, pigiata, scossa e traboccante vi sarà versata nel grembo, perché con la misura con cui misurate, sarà misurato a voi in cambio» (*Lc* 6,38). La virtù, sicuramente, come afferma il Catechismo:

> «È una disposizione abituale e ferma a fare il bene; essa consente alla persona non soltanto di compiere atti buoni e opere misericordiose, ma di dare il meglio di sé. Con tutte le proprie energie sensibili e spirituali, la persona virtuosa tende verso il bene; lo ricerca e lo sceglie in azioni concrete» (*CCC* 1803). Effettivamente, «non sono i grandi sentimenti a decidere della moralità o della santità delle persone; essi sono la riserva inesauribile delle immagini e degli affetti nei quali si esprime la vita morale. Le passioni sono moralmente buone quando contribuiscono ad un'azione buona; sono cattive nel caso contrario. La volontà retta predispone a compiere il bene

[22] *Ibid.*, p. 9.

e a trasformare in beatitudine i moti umani che essa assume; la volontà cattiva cede alle passioni disordinate e le inasprisce. Le emozioni e i sentimenti possono essere assunti nelle *virtù*, o pervertiti nei *vizi*» (*CCC* 1768).

La pratica della misericordia come virtù verso il prossimo, testimoniata ed operata concretamente da santo Stefano nell'esercizio del diaconato, è il più grande dei beni spirituali, il tesoro più prezioso e la perla più cara nel Regno dei Cieli. In colui che pratica la misericordia verso il prossimo, sicuramente si realizzeranno le parole del Salvatore: *Beati i misericordiosi, perché troveranno misericordia*» (*Mt* 5,7).

3.4 *L'AMORE FRATERNO*

La riflessione spirituale in chiave della testimonianza della vita di santo Stefano, sul "tema della pratica della virtù della misericordia verso il prossimo", ne apre un'altra: "la carità vissuta". Possiamo intendere questo tema come invito a riflettere sul "precetto dell'amore fraterno" che dovrebbe essere sempre osservato da ogni cristiano. Il vero amore fraterno genera indubbiamente un futuro più certo, più costruttivo e più ordinato, perché si basa sul "fuoco dell'amore" misericordioso di Dio che arde. Esso crea i nuovi "apostoli della misericordia" e la "nuova famiglia cristiana" più unita". Il verbo "creare" è come "la parola d'ordine" che potrà riscaldare tutto ciò che è freddo, rendere tenero tutto ciò che è duro, ravvivare tutto ciò che è secco, accendere tutto ciò che sta per spegnersi, dare il colore nuovo della vita a tutto ciò che è arido, unire individui, famiglie, società, nazioni e stati nell'abbraccio del vero amore fraterno, l'amore paterno di Dio e del prossimo. È opportuno precisare che "la parola d'ordine", di cui si parla, è la misericordia, che effettivamente conduce l'uomo alla conoscenza dell'amore paterno di Dio e a servire Lui nel prossimo. Comunque, teniamo presente che «la misericordia nell'uomo è sempre limitata, giacché i mezzi a disposizione non sono mai sufficienti per eliminare tutta la sua miseria e debolezza»[23]. La stessa misericordia, mentre Dio la rivela, dona "il colore nuovo" e la "felicità rinnovata" alla vita dell'uomo. Chiedendo a un uomo che cosa desidera, risponderà sicuramente che cerca la felicità. Ma spesso gli uomini non vogliono conoscere né la strada né dove trovarla, perciò brancolano. Per questo è bene, quindi, interrogarci sul modo in cui dobbiamo camminare nella vita. Una risposta molto significativa potrebbe essere questa: se ami, come ha amato santo Stefano, corri. Più forte ami e più velocemente corri. Il senso della corsa è evidente. Nell'amore con cui amiamo Dio o il prossimo è Dio stesso che ama. Tutto il "correre", però, è legato alla misericordia, aspetto dell'amore che spinge ad agire a favore del prossimo, per alleviare la sua indigenza. Tutto ciò che si riferisce alla misericordia di Dio proviene dalla carità e tende verso la carità, per realizzare la comunione dei cuori e delle menti, l'armonia della vita, scaturita dal comandamento del Signore: «Amatevi come io vi ho amato» (*Gv* 13,34). In questa prospettiva la carità, testimoniata da santo Stefano, è unita all'umiltà e all'obbedienza. Esse sono come un nodo della misericordia che deve rimanere sempre stretto e resistere a tutte le tensioni della vita, non deve sciogliersi mai, perché la vita di ogni essere umano possa essere come un inno di lode e di gloria alla divina misericordia.

---

[23] A. MATANIC, *Spiritualità*, in *Dizionario enciclopedico di spiritualità*, E. ANCILLI (a cura di), vol. III, p. 1607.

CONCLUSIONE

Dopo le riflessioni che sono state proposte nel libro, in quest'ultimo momento della nostra meditazione vorrei lasciare spazio alle mie considerazioni e impressioni. Attraverso queste, vorrei mettere in luce il tema della misericordia, sottolineando il nesso con la vita, il vissuto e il pensiero di santo Stefano.

Ricordiamo che Stefano s'inserisce nel contesto storico di un periodo tragico, di grandi persecuzioni, per chi professava la fede in Cristo.

Dunque, l'ideale di Stefano era testimoniare e amare il "Dio della Misericordia" con la propria vita, le parole, le azioni. Perciò la misericordia era diventata l'idea-chiave della vita e del servizio diaconale.

Il diacono, conducendo una vita spirituale molto intensa e vivendo i primi passi del *sensus ecclesiae*, riuscì a testimoniare la misericordia di Dio, a perdonare i suoi uccisori e ad offrire la sua vita giovane per il Cristo. Oggi, la ricchezza e le feconde potenzialità del pensiero del giovane martire sono recepite da tanti miei giovani, adulti ed anziani parrocchiani.

Pertanto spianare la strada per una futura e migliore conoscenza della verità di "Dio Amore e Misericordia" è per noi un compito "primordiale" della vita spirituale. Dovremmo come cristiani dedicare il tempo ad approfondire questa verità e a scrivere molto sul mistero della misericordia. Diremo che tutta la vita breve del giovane martire santo Stefano fu un continuo discernere la volontà di Dio con un umile e costante piegare tutti i pensieri, le parole e le azioni al Vangelo della misericordia.

Il nostro giovane santo, avendo la consapevolezza di doversi impegnare nel testimoniare la misericordia, ha saputo lasciare "un'impronta spirituale" significativa che insiste sull'importanza di «contemplare il mistero della misericordia» (*MV* 2), pensiero accolto soltanto ora dalla Chiesa.

Infatti, papa Francesco ha invitato tutti i teologi ad orientarsi verso la riscoperta della misericordia. Perciò, di fronte alle sollecitazioni del papa, è qui nell'oggi che si esige la riproposizione del tema della misericordia con un nuovo entusiasmo e con una rinnovata sfida del XXI secolo per la fede cristiana e per tutta la Chiesa. Nell'*Evangelii Gaudium* leggiamo: «La Chiesa guidata dal Vangelo della misericordia e dall'amore all'essere umano, ascolta il grido per la giustizia e desidera rispondervi con tutte le sue forze» (*EG* 188). La misericordia di Dio però, non può rimanere un'idea astratta, sentimentale o idealistica. La misericordia, secondo la definizione del papa:

> «È la parola che rivela il mistero della SS. Trinità, l'atto ultimo e supremo con il quale Dio ci viene incontro, la legge fondamentale che abita nel cuore di ogni persona quando guarda con occhi sinceri il fratello che incontra nel cammino della vita, la via che unisce Dio e l'uomo, perché apre il cuore alla speranza di essere amati per sempre nonostante il limite del nostro peccato» (*MV* 2).

La "legge fondamentale" è la "legge della misericordia", che vuol dire carità concreta, amore gratuito e libero, capace di "incarnarsi" e farsi prossimo con chi vive nelle "periferie esistenziali".

Ora, rispondendo alle domande che mi sono posto all'inizio del mio servizio sacerdotale presso la bellissima comunità parrocchiale di santo Stefano in Pescara, la risposta è questa: la misericordia proposta e vissuta dal giovane santo Stefano è riconoscere nel volto del fratello e della sorella il volto di Gesù che ha voluto vivere tra gli ultimi, poveri, orfani, abbandonati, malati. «Gesù Cristo, il volto della misericordia del Padre» (*MV* 1), tuttora vuole identificarsi con loro in ogni tempo e spazi. Per questo la "legge della misericordia", e cioè le opere di misericordia corporali e spirituali, è sempre attuale e, oggi più che mai, ha un urgente bisogno di essere vissuta e praticata per rompere "quel filo" di egoismo, indifferenza, narcisismo e autoreferenzialismo. Ecco la proposta valida per la nostra comunità parrocchiale di santo Stefano e il mondo intero.

Benedetto XVI, parlando sul tema della misericordia, ha voluto mettere in luce un altro aspetto importante di essa: la gratuità. Infatti egli dice: «La misericordia di Dio, che cancella il peccato e permette di vivere nella propria esistenza gli stessi sentimenti di Gesù Cristo, viene comunicata all'uomo gratuitamente».[24] L'insegnamento di Benedetto XVI fa comprendere «che la verità del Dio Amore rappresenta quel "centro della fede cristiana" (*DCE* 1), che deve illuminare, nel nucleo più profondo, gli elementi fondamentali dell'identità di ogni credente».[25] Questa verità in Benedetto XVI «porta la conseguenza non solo per la vita concreta, ma anche per la teologia».[26]

Infatti, egli come teologo afferma che «Gesù Cristo è l'amore incarnato di Dio [...]. Nella sua morte in croce si compie quel volgersi di Dio contro sé stesso nel quale Egli si dona per rialzare l'uomo e salvarlo, amore questo, nella sua forma più radicale» (*DCE* 12). Inoltre, in un'altra enciclica di Benedetto XVI, dove il papa emerito sviluppa il tema della carità nella verità come sfida per la Chiesa, in un mondo in progressiva e pervasiva globalizzazione, leggiamo: «L'unità del genere umano, una comunione fraterna oltre ogni divisione, nasce dalla con-vocazione della parola di Dio-Amore» (*CV* 34). E poi insiste affermando che: «La Trinità è assoluta unità, in quanto le tre divine persone sono relazionalità pura» (*CV* 54). In questi brani appena menzionati, il papa Benedetto XVI stabilisce un nesso preciso e importante tra amore e misericordia di Dio per gli uomini, mostrando che la relazione d'amore tra le tre divine persone è assoluta unità.

Il tema della misericordia è stato, come afferma Kasper,[27] indubbiamente trascurato e qualche volta anche dimenticato nella riflessione dogmatica. La causa sta probabilmente nell'abitudine di menzionarla, senza una riflessione più attenta e profonda. Oggi la riflessione teologica sulla misericordia induce a porre diversi interrogativi, e certamente fondamentali, sulla dottrina di Dio. La misericordia costituisce il nucleo e la somma della piena rivelazione biblica su Dio. Infatti W. Kasper, ripensando il tema della misericordia in chiave dogmatica, ha voluto sottolineare che: «la rivelazione della misericordia di Dio è concretamente avvenuta in Gesù Cristo. In lui Dio ci ha tutti eletti dall'eternità. Chi vede lui, vede il Padre (*Gv* 14,9)»[28].

---

[24] G. LYDEK, *La misericordia di Dio nella teologia e nella spiritualità del beato Michele Sopoćko*, p. 282.
[25] L. ŽÁK, *Quale teologia se Deus Caritast est?Alcune considerazioni sulla teologia alla luce del recente magistero pontificio*, in "Lateranum", LXXVII, 3(2011), p. 584.
[26] *Ibidem.*
[27] Cf. *W. KASPER*, *Misericordia*, p. 23.
[28] *Ibid.*, p. 173.

Sappiamo che «la frammentazione del sapere teologico rimane fino ai nostri giorni una reale e impegnativa sfida».[29] Per questo, la testimonianza di santo Stefano sulla verità di “Dio Amore e Misericordia”, va riconosciuto, apprezzato, approfondito ed accolto come uno stile valido di vera vita cristiana.

Infine, possiamo dire che in santo Stefano troviamo un nesso importante fra la testimonianza della misericordia e la spiritualità della misericordia. Esso forma un “tutt’uno” per evitare un’idea astratta, sentimentale o idealistica della misericordia.

[29] L. ŽÁK, *Quale teologia se Deus Caritast est?*, p. 591.

IV. Storia della parrocchia Santo Stefano Primo Martire in Pescara

Sarebbe bello iniziare il racconto della storia della nostra parrocchia "in medias res", concentrandoci direttamente su quelli che sono stati gli eventi che hanno reso possibile e rendono ancora possibile il culto divino in via monte Bove... Ma, qualsiasi analisi che si rispetti deve affondare le sue radici in un passato precedente a quello che si intende indagare.

La città di Pescara, alla fine degli anni Settanta, non era più quella città "piena di persone di famiglia", ricordo della gioventù di Flaiano; era una nascente metropoli che contava più di 120 mila abitanti e vedeva i suoi confini ampliarsi sempre di più. Zone, fino ad allora coltivate dai piccoli proprietari, si convertivano in quartieri residenziali e le colline che contornavano il paesaggio verso ovest erano le basi per le fondamenta dei grandi palazzi che ad oggi abitiamo.

L'abbraccio degli oltre duecentomila Abruzzesi attorno alla persona di Paolo VI in visita a Pescara il 17 settembre 1977, a chiusura del XIX congresso eucaristico nazionale, sono l'esempio più calzante delle ambizioni politiche e religiose della Pescara di allora. In questo clima di fervore e di crescita ininterrotta, amplificato sicuramente dalla visita del Papa, il desiderio di rispondere alle esigenze pastorali dei nuovi quartieri decentrati era sicuramente il problema più scottante che l'allora vescovo mons. Antonio Iannucci si trovava ad affrontare.

È in questo preciso momento storico (1° novembre 1977) che don Gernio D'Intinosante, noccianese d'origine, pescarese per ragioni ministeriali, venne trasferito dalla centralissima chiesa del Sacro Cuore, dove era vicario, nella piccola parrocchia di Santo Stefano Primo Martire in Via Monte Bove succedendo all'età di 53 anni a Don Umberto Fobelli. In questo quartiere, infatti, esisteva già un luogo di Culto eretto in data 25 dicembre 1963 e dedicato a San Raffaele Arcangelo; il nome venne però cambiato nel 1974 dopo la riforma del calendario liturgico intitolando la parrocchia al primo martire della storia del cristianesimo.

La vita della comunità era limitata ai 42 metri quadrati di un garage che fungeva allo stesso tempo da chiesa e da salone parrocchiale, da oratorio come da aula del catechismo, punto di incontro per i sempre più numerosi giovani che popolavano la zona di "Villa Fabio".

Dopo appena un anno di permanenza, don Gernio era oramai pienamente consapevole di quali fossero le necessità della comunità. Avendo sperimentato per qualche tempo l' arte di arrangiarsi tipica dei sacerdoti d' un tempo, si era reso conto che i 42 metri di garage erano effettivamente troppo pochi e così, dopo essere sceso a patti con i fratelli Centorame proprietari dei lotti di terreno dove oggi sorgono la chiesa e le due scuole, inoltrava in data 15 Giugno 1978 la richiesta per la costruzione di una chiesa in elementi prefabbricabili, all' occorrenza scomponibile, alla persona del sindaco Alberto Casalini perché se ne facesse promotore in consiglio Comunale.

Naturalmente, la richiesta venne accolta e, il 18 giugno 1979, il Vescovo benedisse la prima pietra che assieme a molte altre formò il nostro tempio che venne inaugurato nel Natale dello stesso anno.

Frattanto il quartiere continuava a crescere, sorgevano nuovi edifici residenziali e il tasso demografico della zona si innalzava. I ragazzi erano molti e altrettante le iniziative portate avanti, specialmente dall' associazione culturale e sportiva "Santo Stefano" costituita il 4 Novembre 1983, considerabile il vero e proprio perno della vita della parrocchia.

Nata con lo scopo di proporre ai giovani, ma anche agli adulti, iniziative di vario genere che avessero come punto di riferimento la parrocchia, nel corso del tempo si è affermata tramite le sue due principali emanazioni: la "Santo Stefano ragazzi", un gruppo giovanile indipendente dal carisma scout, e la squadra di pallavolo femminile, "Santo Stefano Volley". Quella che apparentemente potrebbe definirsi una classica squadretta da oratorio, traeva le sue origini dal gruppo sportivo nato nel 1984 e affiliato poi nel 1986 alla Federazione Nazionale Pallavolo. Gli oltre 120 atleti dell'epoca erano divisi in più categorie; la prima squadra femminile ha fatto valere più volte il proprio nome nel campionato C2 regionale.

Nel decennio successivo, furono numerosissime le attività e le iniziative: dalla Caritas parrocchiale al gruppo Tend, dal catechismo ai consistenti numeri del coro. In particolare, il gruppo dei Tend-opolisti di San Gabriele dell'Addolorata, proponeva un cammino basato sulla preghiera spontanea fondata sulla risonanza dei versetti della liturgia delle ore. Gli incontri erano a cadenza settimanale e i partecipanti erano più di venti; il culmine della loro attività spirituale, basata sul carisma Passionista di San Gabriele, era raggiunto nelle giornate di "tendopoli" che si svolgevano annualmente nei pressi del santuario di Isola del Gran Sasso.

Famosissima in città era la Via Crucis, organizzata sul pendio retrostante la Chiesa nei giorni del triduo pasquale; gli spettatori si riunivano nel cortile della scuola e assistevano ogni anno sempre più numerosi alla rappresentazione della passione curata dai ragazzi (tutti giovanissimi). Gli oltre 150 adolescenti impegnati nel far rivivere le scritture erano abbigliati con costumi dell'epoca ed era così che un bambino del catechismo si ritrovava a impersonare un centurione romano con tanto di lancia e di corazza.

L'8 settembre 1996, si apriva per "Santo Stefano" un capitolo nuovo, con l'ingresso, come vicario, di don Giuseppe Femminella, per tutti don Peppino. Il vescovo aveva ritenuto opportuno dotare l'ormai anziano e malato don Gernio di un valido aiuto.

Nel 1999 venne costituito un gruppo delle Polisportive giovanili Salesiane anche in parrocchia. Seguendo l'esempio di altri parroci della città, don Peppino spronò i ragazzi, giovani dai 18 ai vent'anni, a formare un comitato direttivo che raccogliesse il testimone del gruppo sportivo preesistente. Il calcio a cinque e la pallavolo furono le prime realtà; seguite dalla pallacanestro che assieme alla squadra di volley raggiunse la serie "D" dei campionati regionali. In seguito al terremoto delle Marche del 1997, anche il terreno su cui poggiava la chiesa subì delle conseguenze.

Matteo Di Iorio

4.1 Testimonianze sulla parrocchia Santo Stefano primo martire in Pescara

"Nascita di una Comunità"

Siamo intorno agli anni fine '70 inizio '80. Dopo anni di celebrazioni all'interno di un garage sito in Via monte Bove, la Chiesa di santo Stefano, fortemente voluta da don Gernio e materialmente realizzata con il contributo lavorativo di tanta gente della zona (qualche citazione va fatta: Mario Ciaramicoli, Salvatore Moscatelli ed altri) e il contributo in termini di materiali da parte di alcune Aziende (tra le altre Cilli, Ranalli, Di Giovanni, ecc.) diventa finalmente realtà. I numerosi nuovi insediamenti, oltre alla presenza della Scuola Media Carducci, contribuiscono all'accrescimento della presenza di nuove famiglie. La frequenza in Chiesa inizia a moltiplicarsi e la presenza dei ragazzi cresce in maniera esponenziale. La celebrazione della Messa "domenicale" delle ore 11.00 è un brulicare di famiglie e, di conseguenza di numerosi ragazzi e bambini. Per il ruolo di chierichetto inizia ad essere una competizione, dato il rilevante numero dei bambini presenti e desiderosi di assolvere a tale compito.: due ragazzi più grandi Vittorio e Stefano si assumono il gravoso compito di coordinare il gruppo. Nasce l'esigenza di incanalare questa moltitudine di "popolo". Il ruolo catechistico per la preparazione delle prime comunioni, cresime, ecc. è assolto esclusivamente da don Gerino. Il mio quotidiano invito ad allargare, il mio pungolo costante a delegare, aprire al ruolo di catechiste, soprattutto alle tante mamme presenti in parrocchia, trova finalmente realizzazione: grazie alla totale e disinteressata disponibilità di tante mamme e giovani ragazze, inizia un percorso nuovo di preparazione al catechismo. Don Gernio ne è orgoglioso! A lui resta il compito di formazione di queste nuove collaboratrici (e vale la pena citare Ersilia, Paola, Iside, Anna, Nicoletta, Anna Maria e, successivamente Gabriella, Anna, Norma, Colomba, Carmelina, Loredana certamente dimentico qualcuna). L'esigenza di creare finalmente "una comunità" spinge don Gernio a inventarsi incontri settimanali nei quali incanalare spazi di formazione uniti a scambi di esperienze umane di ciascuno. Nasce così il famoso gruppo del Lunedì tra i quali ricordo erano molto attivi: Antonio, Giordano, Rocco, Raffaele, Mario, Riccardo, Roberto, Sabatino, Peppino, Vittorio, Francesco, Carmine, Tobia, Iside, Paola, Wanda, Nunziatina, Ada, Marisa, Antonietta, Mirella, Ersilia, Silvana, Gianna, Patrizia. Sorge intento il problema di come organizzare i ragazzi: stava infatti per iniziare una emorragia verso la parrocchia di san Giuseppe che aveva già costituito gruppi Scout. Don Gernio ci invitava a escogitare qualcosa, ed allora, mi faccio coraggio e, mettendo su un gruppo di sette ragazzi (Guido, Pierluigi, Nicola, Carlo, Mirko, Alessandro, Lorenzo) chiedo di fare attività con il gruppo san Giuseppe. Questa esperienza mi consente, l'anno successivo, di aprire , con la determinante collaborazione di Adelina, Anna, Morena, Giordano Giovanni e Luciano , una vera e propria realtà parrocchiale: la SANTO STEFANO RAGAZZI: associazione scout ufficialmente mai riconosciuta ma, di una vitalità incredibile, sia nel numero di ragazzi aderenti (non meno di 130/140 all'anno) sia nelle attività svolte, culminanti con meravigliosi campeggi attivati in svariate località che vanno ricordate; S. Marco di Ascoli Piceno - Nocera Umbra (PG), Cagnano (AP), Roccaraso (Aq). I ragazzi erano divisi in tre gruppi: piccoli, medi e grandi (animati amorevolmente da un gruppo storico formato da me e dagli insostituibili: Adelina, Morena, Giovanni e Luciano, e, in diverse saltuarie annate: Anna, Teresa, Barbara, Anna, Laura, Emma, Raffaele, Gaetano, Mario, Camillo, Guido, e in particolare nella gestione dei campeggi: Sabatino, Iside, Paola, Antonietta, Nicolino, Stefania, Beatrice, e, certamente dimentico qualcuno. Mi piacerebbe ricordare, uno per uno, il migliaio di ragazzi che, nell'arco di circa 15 anni, hanno vestito "la gloriosa divisa "della Santo Stefano. Sono davvero tanti. Intanto con Giordano, Raffaele, Tobia, Francesco, Vittorio, al fine di incanalare le diverse attività ideate per vivacizzare la comunità Parrocchiale che, in concreto si era creata, si pensa e nasce una vera e propria Associazione: l'ASSOCIAZIONE CULTURALE E SPORTIVA S. STEFANO, legalmente riconosciuta, presieduta dall'amico Raffaele. Diventa una vera fucina di attività alla quale partecipano direttamente o indirettamente buona parte dei residenti della circoscrizione territoriale della Parrocchia. A livello sportivo si privilegia l'attività di Pallavolo: vengono formalizzati incarichi tecnici, naturalmente a titolo gratuito, a Wanda per il settore femminile e Roberto per il settore maschile. Questa attività coinvolge numerosissimi ragazzi: riusciamo a farci fornire gratuitamente l'intero abbigliamento sportivo alla Società Latte Cigno, operante in zona, oltre ad attivarci per la messa a disposizione delle Palestre, alle scuole ed al Comune. Organizziamo e partecipiamo a diversi tornei. L'impegno è tanto (ed in questo va sottolineata soprattutto la disponibilità di Giordano) e, qualche risultato arriva: si riesce a portare la squadra femminile in serie C. Crescono e si sviluppano diverse attività culturali e, tra le tante, come non ricordare, unica nel suo genere la "VIA CRUCIS VIVENTE". Quando espongo l'idea a don Gernio, mi chiede tempo: poi, ricordo le testuali parole: "Non mi hai fatto dormire per tre notti, comunque penso possa essere utile ai ragazzi. Andate avanti". Inizia così un' esperienza straordinaria: vengono coinvolti tanti, ma tanti parrocchiani, dai nonni che, zappetta in mano, predispongono la salita al Calvario disegnata sulla altura di confine tra la Scuola Media Carducci e la nostra Chiesa, le numerosissime mamme e nonne della Parrocchia per approntare e predisporre i costumi, diversi papà e giovani addetti alla realizzazione di corazze e copricapi per i soldati di Caifa e di Pilato, addetti alle musiche, alle luci, agli effetti sonori. Che bello! Un' intera comunità pronta ed entusiasta di lavorare in comune. Avevo sempre pensato che una comunità si anima non solo stando seduta, in silenzio, ad ascoltare sempre e soltanto omelie. Quattordici edizioni non sono poche! Per 14 anni consecutivi, venivano preparati circa 150 ragazzi che, abbigliati con costumi dell'epoca, facevano rivivere la Passione di Cristo, dall'Orto degli Ulivi, al Processo di Caifa, di Pilato, la salita al Calvario nei quali venivano rappresentate tutti i momenti forti, dalle cadute all'incontro con la Madonna, dal Cireneo alla Veronica fino alla straziante e commovente Crocifissione. Non c'era un ragazzo, e non solo chi svolgeva i ruoli principali, che non conoscesse i testi completi della Passione. La Domenica delle Palme, nel pomeriggio all'imbrunire, era normalmente il giorno della rappresentazione a cui assistevano non meno di tremila persone allocate nel Piazzale retrostante la Scuola Media. Ma, le attività della ormai consolidata Comunità

Parrocchiale, crescevano con incontri organizzati su varie tematiche, catechesi interattive (come non ricordare i padri carmelitani e, tra questi padre Alessandro). Nei periodi natalizi, parallelamente alla festività religiosa venivano organizzati vasti programmi di attività culturali e ricreative proprio con l'intento di stimolare in ognuno un maggior interesse alla vita comunitaria. Oltre a rassegne teatrali e canore, si attivavano nimi concorsi di pittura, mostre fotografiche, e, in particolare per le mamme, i concorsi per i miglior dolci natalizi e, soprattutto per le nonne, le gare di abilità come "La maglia lavorata a mano". Nei pomeriggi e le serate di quasi tutto il periodo natalizio venivano attivate spassose e partecipate "Tombolate".

Antonio D'Intino

Quadro di santo Stefano

All'inizio degli anni '80 papà, Guido Giancaterino, portava avanti la sua attività di pittore, esponendo le sue opere in mostre personali e collettive, e insegnava Educazione Artistica alla scuola Media "Carducci", situata vicino la Chiesa di santo Stefano Martire, quando fu contattato dall'allora parroco don Gernio, che aveva in mente la realizzazione di una pala d'altare raffigurante il Santo.

Papà aveva già più volte raffigurato con la sua pittura dei soggetti sacri, ma una pala d'altare era anche per lui una novità, in particolare per quello che avrebbe potuto significare anche in termini di semplice organizzazione: ricordiamo infatti che gli spazi di casa furono stravolti, con il salone che era di fatto diventato lo studio in cui realizzare l'opera!

All'inizio ci fu una fase di ricerca, in cui papà si rivolse dapprima alle Scritture, in particolare soffermandosi sui due capitoli degli Atti degli Apostoli in cui si racconta di santo Stefano, per poi concentrarsi sul brano della lapidazione (*At.* 7,55-60). Proprio partendo dall'ultimo versetto (*Poi piegò le ginocchia e gridò a gran voce: "Signore, non imputar loro questo peccato"*) prese spunto per l'opera, e iniziò a mettere giù delle idee su schizzi e disegni.

L'obiettivo. al termine di questa fase, era arrivare ad avere un bozzetto che avrebbe dovuto ricevere l'approvazione della Curia Arcivescovile prima di iniziare a dipingere la pala vera e propria.

Aveva ad esempio pensato molto al modo di rappresentare il contrasto tra la figura del Santo (il Bene) e chi lo lapida (il Male) ottenendolo con una netta divisione tra il chiarore che avvolge Stefano e i colori scuri degli altri. Risulta essere una figura più in ombra anche il giovinetto Saulo (futuro San Paolo), posto sullo sfondo alla destra di Stefano, che manifesta la sua rabbia per non poter partecipare alla lapidazione attraverso il gesto di stringere forte tra le mani le vesti di chi lapidava.

Ma anche l'utilizzo del bianco è molto particolare, da un lato come luce che avvolge il Santo, dall'altro (con una differente tonalità) come pallore senza vita del lapidatore in basso a sinistra.

Papà aveva sempre presente, nella realizzazione dell'opera, che le persone si sarebbero recate lì davanti a pregare, e non per questo voleva "edulcorare" la realtà e la crudeltà dell'episodio riducendo il tutto a un semplice "santino". Cercava invece di trasmettere, attraverso il coraggio e la trasfigurazione del martirio, uniti alla preghiera per i nemici, la pace della fede professata, quella pace che i fedeli spesso cercano con la loro preghiera.

Lavorò quindi molto sulla posizione del Santo, al centro della scena, raffigurandolo con una linea ascensionale che rappresenta la sua serenità, con i piedi ben puntati e il busto eretto, e soprattutto le mani e le braccia aperte in segno di accoglienza che lo elevano una spanna sopra gli altri: aiuta in questo anche la scelta del colore rosso del mantello, a rappresentare il suo martirio. La roccia, l'albero e il colore rosa sono anche tratti distintivi della pittura di papà, che trasmettono in quest'opera i loro più profondi significati: in questo caso particolare l'albero, un ulivo, è un evidente richiamo al Getsemani e alla passione di Gesù.

L'ultimo ricordo è poi legato al trasferimento dell'opera in Chiesa: occupando gran parte della sala, a casa sembrava grandissima, e quando arrivammo in Chiesa fu grande la sorpresa mia e di mia sorella (avevamo 13 e 11 anni) di scoprirlo quasi "piccolo" nel contesto in cui doveva essere esposto! Ricordo però anche la bellezza di vederlo collocato nel luogo per cui era stato pensato, e la felicità nel pensare che magari avrebbe potuto aiutare qualcuno nel corso degli anni a vivere maggiormente l'identificazione della Chiesa con il Santo cui era dedicata.

Paolo Giancaterino

4.2 Preghiera a Santo Stefano diacono primo martire

O Santo Stefano, a te mi volgo per chiedere la tua preziosa protezione.

Ti prego, ricordati di me, tu che da diacono hai sempre aiutato e consolato chiunque ti abbia invocato nelle proprie necessità. Animato da grande confidenza ed affetto e dalla certezza di non pregare invano, ricorro a te che sei così ricco di meriti davanti al Signore misericordioso; fa' che la mia supplica giunga, per tua intercessione al Padre della misericordia. Benedici la mia comunità parrocchiale, il mio lavoro e la mia famiglia; tieni lontano i pericoli dell'anima e del corpo. Tu che morendo pregavi per i tuoi persecutori insegnami, sul tuo esempio, ad amare anche i miei nemici. Santo Stefano, fa' che, nell'ora del dolore e della prova, io possa rimanere forte nella fede e nell'amore di Dio misericordioso. Per Cristo nostro Signore. *Amen!*

don Gregorio Lydek

4.3 NOVENA A SANTO STEFANO DAL 17 AL 25 DICEMBRE

PRIMO GIORNO

I. Glorioso santo Stefano, che, appena convertito alla fede, foste riempito di tutti i doni dello Spirito Santo, e vi consacraste con tanto ardore alla diffusione del Vangelo da meritare d'essere trascelto a primo cooperatore degli Apostoli, a primo Diacono della Chiesa, ottenete a noi tutti la grazia di sempre ricevere con gran frutto i sacramenti a cui ci accostiamo, o di esternare la nostra riconoscenza con l'adoperarci nel miglior modo per la santificazione dei nostri prossimi.

Gloria al Padre al Figlio e allo Spirito Santo come era in principio ora e sempre nei secoli dei secoli.

II. Glorioso santo Stefano, che, favorito da Dio d'una eloquenza a cui non poterono mai resistere i più accaniti nemici dell'Evangelo, lungi dall'intimorirvi per le loro minacce, seguitaste sempre con maggior zelo a predicar dappertutto la divinità del Nazareno, o la necessità indispensabile d'abbracciar la sua fede per arrivare a salute, ottenete a noi tutti la grazia d'essere sempre perseveranti e nelle pratiche di pietà, e nell'adempimento dei nostri particolari doveri, malgrado tutti gli scandali e le persecuzioni del mondo.

Gloria al Padre al Figlio e allo Spirito Santo come era in principio ora e sempre nei secoli dei secoli.

III. Glorioso santo Stefano, che, oppresso da una grandine di sassi, fino a farvi tutto nuotare nel vostro sangue, aveste la consolazione tutta nuova di vedere il cielo aperto sul vostro capo e Gesù Cristo medesimo che dal trono della sua gloria vi incoraggiava a sostener per lui il martirio, e in tanto estremo non faceste altro che domandare misericordia o perdono per i peccati dei vostri lapidatori, ottenete a noi tutti la grazia di sostener sempre con perfetta rassegnazione tutte le traversie della terra, di amar sempre di cuore tutti coloro dai quali avessimo ricevuto qualche torto, e di essere sempre pronti a difendere anche con il sangue tutte le verità della fede, onde potere anche noi vedere aperto quel cielo a cui, siccome a nostra patria, sospiriamo continuamente.

Gloria al Padre al Figlio e allo Spirito Santo come era in principio ora e sempre nei secoli dei secoli.

Secondo giorno

I. Glorioso san Stefano, che, appena convertito alla fede, foste riempito di tutti i doni dello Spirito Santo, e vi consacraste con tanto ardore alla diffusione del Vangelo da meritare d'essere trascelto a primo cooperatore degli Apostoli, a primo Diacono della Chiesa, ottenete a noi tutti la grazia di sempre ricevere con gran frutto i sacramenti a cui ci accostiamo, o di esternare la nostra riconoscenza con l'adoperarci nel miglior modo per la santificazione dei nostri prossimi.

Gloria al Padre al Figlio e allo Spirito Santo come era in principio ora e sempre nei secoli dei secoli.

II. Glorioso santo Stefano, che, favorito da Dio d'una eloquenza a cui non poterono mai resistere i più accaniti nemici dell'Evangelo, lungi dall'intimorirvi per le loro minacce, seguitaste sempre con maggior zelo a predicar dappertutto la divinità del Nazareno, o la necessità indispensabile d'abbracciar la sua fede per arrivare a salute, ottenete a noi tutti la grazia d'essere sempre perseveranti e nelle pratiche di pietà, e nell'adempimento dei nostri particolari doveri, malgrado tutti gli scandali e le persecuzioni del mondo.

Gloria al Padre al Figlio e allo Spirito Santo come era in principio ora e sempre nei secoli dei secoli.

III. Glorioso santo Stefano, che, oppresso da una grandine di sassi, fino a farvi tutto nuotare nel vostro sangue, aveste la consolazione tutta nuova di vedere il cielo aperto sul vostro capo e Gesù Cristo medesimo che dal trono della sua gloria vi incoraggiava a sostener per lui il martirio, e in tanto estremo non faceste altro che domandare misericordia o perdono per i peccati dei vostri lapidatori, ottenete a noi tutti la grazia di sostener sempre con perfetta rassegnazione tutte le traversie della terra, di amar sempre di cuore tutti coloro dai quali avessimo ricevuto qualche torto, e di essere sempre pronti a difendere anche con il sangue tutte le verità della fede, onde potere anche noi vedere aperto quel cielo a cui, siccome a nostra patria, sospiriamo continuamente.

Gloria al Padre al Figlio e allo Spirito Santo come era in principio ora e sempre nei secoli dei secoli.

TERZO GIORNO

I. Glorioso santo Stefano, che, appena convertito alla fede, foste riempito di tutti i doni dello Spirito Santo, e vi consacraste con tanto ardore alla diffusione del Vangelo da meritare d'essere trascelto a primo cooperatore degli Apostoli, a primo Diacono della Chiesa, ottenete a noi tutti la grazia di sempre ricevere con gran frutto i sacramenti a cui ci accostiamo, o di esternare la nostra riconoscenza con l'adoperarci nel miglior modo per la santificazione dei nostri prossimi.

Gloria al Padre al Figlio e allo Spirito Santo come era in principio ora e sempre nei secoli dei secoli.

II. Glorioso santo Stefano, che, favorito da Dio d'una eloquenza a cui non poterono mai resistere i più accaniti nemici dell'Evangelo, lungi dall'intimorirvi per le loro minacce, seguitaste sempre con maggior zelo a predicar dappertutto la divinità del Nazareno, o la necessità indispensabile d'abbracciar la sua fede per arrivare a salute, ottenete a noi tutti la grazia d'essere sempre perseveranti e nelle pratiche di pietà, e nell'adempimento dei nostri particolari doveri, malgrado tutti gli scandali e le persecuzioni del mondo.

Gloria al Padre al Figlio e allo Spirito Santo come era in principio ora e sempre nei secoli dei secoli.

III. Glorioso san Stefano, che, oppresso da una grandine di sassi, fino a farvi tutto nuotare nel vostro sangue, aveste la consolazione tutta nuova di vedere il cielo aperto sul vostro capo e Gesù Cristo medesimo che dal trono della sua gloria vi incoraggiava a sostener per lui il martirio, e in tanto estremo non faceste altro che domandare misericordia o perdono per i peccati dei vostri lapidatori, ottenete a noi tutti la grazia di sostener sempre con perfetta rassegnazione tutte le traversie della terra, di amar sempre di cuore tutti coloro dai quali avessimo ricevuto qualche torto, e di essere sempre pronti a difendere anche con il sangue tutte le verità della fede, onde potere anche noi vedere aperto quel cielo a cui, siccome a nostra patria, sospiriamo continuamente.

Gloria al Padre al Figlio e allo Spirito Santo come era in principio ora e sempre nei secoli dei secoli.

Quarto giorno

I. Glorioso santo Stefano, che, appena convertito alla fede, foste riempito di tutti i doni dello Spirito Santo, e vi consacraste con tanto ardore alla diffusione del Vangelo da meritare d'essere trascelto a primo cooperatore degli Apostoli, a primo Diacono della Chiesa, ottenete a noi tutti la grazia di sempre ricevere con gran frutto i sacramenti a cui ci accostiamo, o di esternare la nostra riconoscenza con l'adoperarci nel miglior modo per la santificazione dei nostri prossimi.

Gloria al Padre al Figlio e allo Spirito Santo come era in principio ora e sempre nei secoli dei secoli.

II. Glorioso santo Stefano, che, favorito da Dio d'una eloquenza a cui non poterono mai resistere i più accaniti nemici dell'Evangelo, lungi dall'intimorirvi per le loro minacce, seguitaste sempre con maggior zelo a predicar dappertutto la divinità del Nazareno, o la necessità indispensabile d'abbracciar la sua fede per arrivare a salute, ottenete a noi tutti la grazia d'essere sempre perseveranti e nelle pratiche di pietà, e nell'adempimento dei nostri particolari doveri, malgrado tutti gli scandali e le persecuzioni del mondo.

Gloria al Padre al Figlio e allo Spirito Santo come era in principio ora e sempre nei secoli dei secoli.

III. Glorioso santo Stefano, che, oppresso da una grandine di sassi, fino a farvi tutto nuotare nel vostro sangue, aveste la consolazione tutta nuova di vedere il cielo aperto sul vostro capo e Gesù Cristo medesimo che dal trono della sua gloria vi incoraggiava a sostener per lui il martirio, e in tanto estremo non faceste altro che domandare misericordia o perdono per i peccati dei vostri lapidatori, ottenete a noi tutti la grazia di sostener sempre con perfetta rassegnazione tutte le traversie della terra, di amar sempre di cuore tutti coloro dai quali avessimo ricevuto qualche torto, e di essere sempre pronti a difendere anche con il sangue tutte le verità della fede, onde potere anche noi vedere aperto quel cielo a cui, siccome a nostra patria, sospiriamo continuamente.

Gloria al Padre al Figlio e allo Spirito Santo come era in principio ora e sempre nei secoli dei secoli.

Quinto giorno

I. Glorioso santo Stefano, che, appena convertito alla fede, foste riempito di tutti i doni dello Spirito Santo, e vi consacraste con tanto ardore alla diffusione del Vangelo da meritare d'essere trascelto a primo cooperatore degli Apostoli, a primo Diacono della Chiesa, ottenete a noi tutti la grazia di sempre ricevere con gran frutto i sacramenti a cui ci accostiamo, o di esternare la nostra riconoscenza con l'adoperarci nel miglior modo per la santificazione dei nostri prossimi.

Gloria al Padre al Figlio e allo Spirito Santo come era in principio ora e sempre nei secoli dei secoli.

II. Glorioso santo Stefano, che, favorito da Dio d'una eloquenza a cui non poterono mai resistere i più accaniti nemici dell'Evangelo, lungi dall'intimorirvi per le loro minacce, seguitaste sempre con maggior zelo a predicar dappertutto la divinità del Nazareno, o la necessità indispensabile d'abbracciar la sua fede per arrivare a salute, ottenete a noi tutti la grazia d'essere sempre perseveranti e nelle pratiche di pietà, e nell'adempimento dei nostri particolari doveri, malgrado tutti gli scandali e le persecuzioni del mondo.

Gloria al Padre al Figlio e allo Spirito Santo come era in principio ora e sempre nei secoli dei secoli.

III. Glorioso santo Stefano, che, oppresso da una grandine di sassi, fino a farvi tutto nuotare nel vostro sangue, aveste la consolazione tutta nuova di vedere il cielo aperto sul vostro capo e Gesù Cristo medesimo che dal trono della sua gloria vi incoraggiava a sostener per lui il martirio, e in tanto estremo non faceste altro che domandare misericordia o perdono per i peccati dei vostri lapidatori, ottenete a noi tutti la grazia di sostener sempre con perfetta rassegnazione tutte le traversie della terra, di amar sempre di cuore tutti coloro dai quali avessimo ricevuto qualche torto, e di essere sempre pronti a difendere anche con il sangue tutte le verità della fede, onde potere anche noi vedere aperto quel cielo a cui, siccome a nostra patria, sospiriamo continuamente.

Gloria al Padre al Figlio e allo Spirito Santo come era in principio ora e sempre nei secoli dei secoli.

Sesto giorno

I. Glorioso santo Stefano, che, appena convertito alla fede, foste riempito di tutti i doni dello Spirito Santo, e vi consacraste con tanto ardore alla diffusione del Vangelo da meritare d'essere trascelto a primo cooperatore degli Apostoli, a primo Diacono della Chiesa, ottenete a noi tutti la grazia di sempre ricevere con gran frutto i sacramenti a cui ci accostiamo, o di esternare la nostra riconoscenza con l'adoperarci nel miglior modo per la santificazione dei nostri prossimi.

Gloria al Padre al Figlio e allo Spirito Santo come era in principio ora e sempre nei secoli dei secoli.

II. Glorioso santo Stefano, che, favorito da Dio d'una eloquenza a cui non poterono mai resistere i più accaniti nemici dell'Evangelo, lungi dall'intimorirvi per le loro minacce, seguitaste sempre con maggior zelo a predicar dappertutto la divinità del Nazareno, o la necessità indispensabile d'abbracciar la sua fede per arrivare a salute, ottenete a noi tutti la grazia d'essere sempre perseveranti e nelle pratiche di pietà, e nell'adempimento dei nostri particolari doveri, malgrado tutti gli scandali e le persecuzioni del mondo.

Gloria al Padre al Figlio e allo Spirito Santo come era in principio ora e sempre nei secoli dei secoli.

III. Glorioso santo Stefano, che, oppresso da una grandine di sassi, fino a farvi tutto nuotare nel vostro sangue, aveste la consolazione tutta nuova di vedere il cielo aperto sul vostro capo e Gesù Cristo medesimo che dal trono della sua gloria vi incoraggiava a sostener per lui il martirio, e in tanto estremo non faceste altro che domandare misericordia o perdono per i peccati dei vostri lapidatori, ottenete a noi tutti la grazia di sostener sempre con perfetta rassegnazione tutte le traversie della terra, di amar sempre di cuore tutti coloro dai quali avessimo ricevuto qualche torto, e di essere sempre pronti a difendere anche con il sangue tutte le verità della fede, onde potere anche noi vedere aperto quel cielo a cui, siccome a nostra patria, sospiriamo continuamente.

Gloria al Padre al Figlio e allo Spirito Santo come era in principio ora e sempre nei secoli dei secoli.

Settimo giorno

I. Glorioso santo Stefano, che, appena convertito alla fede, foste riempito di tutti i doni dello Spirito Santo, e vi consacraste con tanto ardore alla diffusione del Vangelo da meritare d'essere trascelto a primo cooperatore degli Apostoli, a primo Diacono della Chiesa, ottenete a noi tutti la grazia di sempre ricevere con gran frutto i sacramenti a cui ci accostiamo, o di esternare la nostra riconoscenza con l'adoperarci nel miglior modo per la santificazione dei nostri prossimi.

Gloria al Padre al Figlio e allo Spirito Santo come era in principio ora e sempre nei secoli dei secoli.

II. Glorioso santo Stefano, che, favorito da Dio d'una eloquenza a cui non poterono mai resistere i più accaniti nemici dell'Evangelo, lungi dall'intimorirvi per le loro minacce, seguitaste sempre con maggior zelo a predicar dappertutto la divinità del Nazareno, o la necessità indispensabile d'abbracciar la sua fede per arrivare a salute, ottenete a noi tutti la grazia d'essere sempre perseveranti e nelle pratiche di pietà, e nell'adempimento dei nostri particolari doveri, malgrado tutti gli scandali e le persecuzioni del mondo.

Gloria al Padre al Figlio e allo Spirito Santo come era in principio ora e sempre nei secoli dei secoli.

III. Glorioso santo Stefano, che, oppresso da una grandine di sassi, fino a farvi tutto nuotare nel vostro sangue, aveste la consolazione tutta nuova di vedere il cielo aperto sul vostro capo e Gesù Cristo medesimo che dal trono della sua gloria vi incoraggiava a sostener per lui il martirio, e in tanto estremo non faceste altro che domandare misericordia o perdono per i peccati dei vostri lapidatori, ottenete a noi tutti la grazia di sostener sempre con perfetta rassegnazione tutte le traversie della terra, di amar sempre di cuore tutti coloro dai quali avessimo ricevuto qualche torto, e di essere sempre pronti a difendere anche con il sangue tutte le verità della fede, onde potere anche noi vedere aperto quel cielo a cui, siccome a nostra patria, sospiriamo continuamente.

Gloria al Padre al Figlio e allo Spirito Santo come era in principio ora e sempre nei secoli dei secoli.

Ottavo giorno

I. Glorioso santo Stefano, che, appena convertito alla fede, foste riempito di tutti i doni dello Spirito Santo, e vi consacraste con tanto ardore alla diffusione del Vangelo da meritare d'essere trascelto a primo cooperatore degli Apostoli, a primo Diacono della Chiesa, ottenete a noi tutti la grazia di sempre ricevere con gran frutto i sacramenti a cui ci accostiamo, o di esternare la nostra riconoscenza con l'adoperarci nel miglior modo per la santificazione dei nostri prossimi.

Gloria al Padre al Figlio e allo Spirito Santo come era in principio ora e sempre nei secoli dei secoli.

II. Glorioso santo Stefano, che, favorito da Dio d'una eloquenza a cui non poterono mai resistere i più accaniti nemici dell'Evangelo, lungi dall'intimorirvi per le loro minacce, seguitaste sempre con maggior zelo a predicar dappertutto la divinità del Nazareno, o la necessità indispensabile d'abbracciar la sua fede per arrivare a salute, ottenete a noi tutti la grazia d'essere sempre perseveranti e nelle pratiche di pietà, e nell'adempimento dei nostri particolari doveri, malgrado tutti gli scandali e le persecuzioni del mondo.

Gloria al Padre al Figlio e allo Spirito Santo come era in principio ora e sempre nei secoli dei secoli.

III. Glorioso santo Stefano, che, oppresso da una grandine di sassi, fino a farvi tutto nuotare nel vostro sangue, aveste la consolazione tutta nuova di vedere il cielo aperto sul vostro capo e Gesù Cristo medesimo che dal trono della sua gloria vi incoraggiava a sostener per lui il martirio, e in tanto estremo non faceste altro che domandare misericordia o perdono per i peccati dei vostri lapidatori, ottenete a noi tutti la grazia di sostener sempre con perfetta rassegnazione tutte le traversie della terra, di amar sempre di cuore tutti coloro dai quali avessimo ricevuto qualche torto, e di essere sempre pronti a difendere anche con il sangue tutte le verità della fede, onde potere anche noi vedere aperto quel cielo a cui, siccome a nostra patria, sospiriamo continuamente.

Gloria al Padre al Figlio e allo Spirito Santo come era in principio ora e sempre nei secoli dei secoli.

Nono giorno

I. Glorioso santo Stefano, che, appena convertito alla fede, foste riempito di tutti i doni dello Spirito Santo, e vi consacraste con tanto ardore alla diffusione del Vangelo da meritare d'essere trascelto a primo cooperatore degli Apostoli, a primo Diacono della Chiesa, ottenete a noi tutti la grazia di sempre ricevere con gran frutto i sacramenti a cui ci accostiamo, o di esternare la nostra riconoscenza con l'adoperarci nel miglior modo per la santificazione dei nostri prossimi.

Gloria al Padre al Figlio e allo Spirito Santo come era in principio ora e sempre nei secoli dei secoli.

II. Glorioso santo Stefano, che, favorito da Dio d'una eloquenza a cui non poterono mai resistere i più accaniti nemici dell'Evangelo, lungi dall'intimorirvi per le loro minacce, seguitaste sempre con maggior zelo a predicar dappertutto la divinità del Nazareno, o la necessità indispensabile d'abbracciar la sua fede per arrivare a salute, ottenete a noi tutti la grazia d'essere sempre perseveranti e nelle pratiche di pietà, e nell'adempimento dei nostri particolari doveri, malgrado tutti gli scandali e le persecuzioni del mondo.

Gloria al Padre al Figlio e allo Spirito Santo come era in principio ora e sempre nei secoli dei secoli.

III. Glorioso santo Stefano, che, oppresso da una grandine di sassi, fino a farvi tutto nuotare nel vostro sangue, aveste la consolazione tutta nuova di vedere il cielo aperto sul vostro capo e Gesù Cristo medesimo che dal trono della sua gloria vi incoraggiava a sostener per lui il martirio, e in tanto estremo non faceste altro che domandare misericordia o perdono per i peccati dei vostri lapidatori, ottenete a noi tutti la grazia di sostener sempre con perfetta rassegnazione tutte le traversie della terra, di amar sempre di cuore tutti coloro dai quali avessimo ricevuto qualche torto, e di essere sempre pronti a difendere anche con il sangue tutte le verità della fede, onde potere anche noi vedere aperto quel cielo a cui, siccome a nostra patria, sospiriamo continuamente.

Gloria al Padre al Figlio e allo Spirito Santo come era in principio ora e sempre nei secoli dei secoli.

26 DICEMBRE

SANTO STEFANO MARTIRE

Primo martire cristiano, e proprio per questo viene celebrato subito dopo la nascita di Gesù. Fu arrestato nel periodo dopo la Pentecoste, e morì lapidato. In lui si realizza in modo esemplare la figura del martire come imitatore di Cristo; egli contempla la gloria del Risorto, ne proclama la divinità, gli affida il suo spirito, perdona ai suoi uccisori. Saulo testimone della sua lapidazione ne raccoglierà l'eredità spirituale diventando Apostolo delle genti. (Messale Romano)

PREGHIERE a SANTO STEFANO

Onnipotente e sempiterno Iddio,
che col sangue del beato Stefano
Levita accogliesti le primizie dei
Martiri, concedi, te ne preghiamo,
che sia nostro intercessore Colui
che supplicò anche per i suoi
persecutori il Signor nostro Gesù
Cristo, il quale con Te vive
e regna nei secoli dei secoli.
Così sia.
(S.S. Pio X)

Oh Santo Stefano Protomartire,
nostro celeste patrono, noi
rivolgiamo a Te la nostra umile
fervorosa preghiera.
Tu che dedicasti tutta la vita al
servizio, pronto e generoso, dei
poveri, dei malati, degli afflitti,
rendici sensibili alle tante voci di
soccorso che si levano dai nostri
fratelli sofferenti.
Tu, intrepido assertore del
Vangelo, rafforza la nostra fede

e non permettere mai che alcuno ne affievolisca la vivida fiamma. Se, lungo la strada, dovesse assalirci la stanchezza, risveglia in noi l'ardore della carità e l'odorosa fragranza della speranza.
O dolce nostro Protettore, Tu che, con la luce delle opere e del martirio, fosti il primo splendido testimone di Cristo, infondi nelle nostre anime un po' del Tuo spirito di sacrifico e di ablativo amore, a riprova che «Non è tanto gioioso il ricevere quanto il dare».
Infine, Ti preghiamo, o nostro grande Patrono, di benedire tutti noi e soprattutto il nostro lavoro apostolico e le nostre provvide iniziative, volti al bene dei poveri e dei sofferenti, affinché, insieme con Te, possiamo, un giorno, contemplare nei cieli aperti la gloria di Cristo Gesù, Figlio di Dio. Così sia.

LITANIE a SANTO STEFANO

Litanie tratte dagli Atti degli Apostoli

Signore, pietà.
Signore, pietà.
Cristo, pietà.
Cristo, pietà.
Signore, pietà.
Signore, pietà.

Santo Stefano, primo
dei diaconi, *prega per noi!*
Santo Stefano, pieno
di fede,
Santo Stefano, pieno
di Spirito Santo,
Santo Stefano, in comunione con
Dio,
Santo Stefano, operatore
di miracoli e prodigi,
Santo Stefano, alla cui parola
nessuno può resistere,
Santo Stefano, sapiente nello
Spirito Santo,
Santo Stefano, catturato
e trascinato in tribunale,
Santo Stefano, accusato da falsi
testimoni,
Santo Stefano, dal volto splendente
come un angelo,
Santo Stefano, primo predicatore
cristiano,
Santo Stefano, che vedi
i cieli aperti,
Santo Stefano, che contempli la
gloria del Padre e del Figlio,
Santo Stefano, trascinato fuori
della città,
Santo Stefano, martirizzato con la
lapidazione,
Santo Stefano, che offri
a Gesù il tuo spirito,

Santo Stefano, che preghi per i tuoi
uccisori,
Santo Stefano, Protomartire
glorioso: prega per noi!

Agnello di Dio, che togli
i peccati del mondo:
perdonaci, o Signore.
Agnello di Dio, che togli
i peccati del mondo:
ascoltaci, o Signore.
Agnello di Dio, che togli
i peccati del mondo:
abbi pietà di noi!

V. Prega per noi,
o Stefano santo!

R. Perché siamo resi degni delle
promesse di Cristo.

Preghiamo.

Donaci, o Padre, di esprimere con la vita il mistero che celebriamo nel giorno di natalizio di santo Stefano primo martire e insegnaci ad amare anche i nostri nemici sull'esempio di lui che morendo pregò per i suoi persecutori. Per Cristo nostro Signore.

Amen.

INDICE

Printed by Books on Demand GmbH, Norderstedt / Germany